Pequeña HISTORIA de ESPAÑA

Pequeña HISTORIA de ESPAÑA

Manuel Fernández Álvarez

Ilustraciones de JVLIVS

ESPASA

© Espasa Libros, S. L. U., 2013
© De esta edición: Editorial Planeta, S. A., 2019
Espasa es un sello de Editorial Planeta, S. A.
Espasa Libros, S. L. U.
Avda. Diagonal, 662-664
08034 Barcelona
www.planetadelibros.com
© Del texto: Herederos de Manuel Fernández Álvarez
© De las ilustraciones (interior y cubierta):
Julio Carabias Aranda, Jvlivs

Primera edición en este formato: enero, 2013
Undécima edición: octubre, 2019

Ilustraciones: Jvlivs & José A. Calvo
Diseño de cubierta: Calderón Studio
Maqueta y diseño de interior: Elisa R. Mira

Depósito legal: B. 866-2013
ISBN: 978-84-670-1847-9

Espasa, en su deseo de mejorar sus publicaciones, agradecerá cualquier
sugerencia que los lectores hagan al departamento editorial por correo
electrónico a la siguiente dirección: sugerencias@espasa.es

Impreso en España / *Printed in Spain*
Impresión: Huertas, S. A.

El papel utilizado para la impresión de este libro
está calificado como papel ecológico y procede de bosques
gestionados de manera sostenible.

A la gente menuda,
a los pequeñajos
de toda España.
Y en particular a mis
nietos tan queridos:
Sonsoles,
Yolanda
y Juan Manuel

ÍNDICE

PÓRTICO

Saludos, amigos

Queridos amigos, mis pequeños, pequeños amigos. Os prometo que vamos a divertirnos. Seguro. Porque a fin de cuentas la Historia es como un cuento lleno de aventuras, solo que esas aventuras ocurrieron entonces de verdad.

De verdad de la buena.

Aventuras que pasaron en Francia, en Inglaterra, o en las praderas de los EEUU de América; en este caso incluso con indios y con rostros pálidos. Pues bien, podéis creerme, amigos míos, que esas aventuras, tan divertidas o más todavía, pasaron también en España.

Ya lo veréis.

De entrada quiero contaros algo muy curioso: las cosas tan raras que les pasaron a aquellos hombres primitivos que fueron los padres de los padres de nuestros padres. Y no sigo en este plan porque nos haríamos un lío. Pero, vamos, que fue hace mucho, pero que mucho tiempo.

Y esa es la cuestión, amigos míos: que estamos ante la inmensidad del tiempo.

Algo que marea. Fijaos bien: es como mirar al cielo tendido en el campo cuando ya las estrellas brillan en el firmamento. ¿No lo habéis hecho nunca? Pues venid conmigo.

Estamos en una noche del mes de agosto. No hay luna. La noche es oscurísima. Pero, claro, hay que salir de casa para darse cuenta de ello.

De modo que me vais a acompañar. Salimos de nuestras casas y dejamos atrás las luces de la ciudad. Nos metemos en el campo. Buscamos una pradera para tumbarnos. Y así, de pronto, echados en el campo, contra el cielo, abrimos los ojos y nos encontramos con la inmensidad del espacio, y con las estrellas que brillan muy lejos.

Tanto que sentimos como un mareo, como un vértigo.

Pues bien, ese es el mismo vértigo, el mismo mareo que nos produce la sensación de la otra inmensidad: la inmensidad del tiempo.

Ese tiempo tan lejano en el que vivieron nuestros primeros antepasados, hace miles, ¡qué digo miles!, millones de años.

Y ese será nuestro primer cuento: el dedicado a los hombres y mujeres que vivieron hace tanto tiempo. Pero luego habrá otros ocho dedicados a las distintas épocas, hasta llegar a nuestros días.

Y será estupendo ver cómo desfilan esos personajes y cómo nos dicen lo que les pasó, de forma breve pero divertida, del mismo modo que vosotros contáis lo que os ocurrió cuando hacéis un viaje.

Esa será nuestra pequeña historia de España.

Sí, mañana os hablaré de una época tan lejana que ni siquiera era Historia. Tan lejana que tenemos que darle otro nombre: *la Prehistoria.*

CUANDO LOS HOMBRES (Y TAMBIÉN LAS MUJERES, OYE) VIVÍAN EN CUEVAS

(La Prehistoria)

Los sabios descubren un diente

Fijaos bien. Os voy a dar una noticia que seguramente conocéis ya. Un grupo de sabios ha descubierto en un sitio perdido de Burgos, en Atapuerca, un diente de uno de esos hombres primitivos. ¡Un diente! La cosa es casi para reírse. Pero nada de risas, porque esos sabios nos aseguran que el hombre que perdió ese diente vivió hace más de un millón de años.

No cien, ni mil, ni cien mil años. ¡Más de un millón de años! ¿No es para que sintamos esa especie de mareo o de vértigo de que os hablaba antes? Que esa es la inmensidad del tiempo. Y entonces llueven las preguntas. ¿Cómo es posible que viviera ese hombre, desnudo, según nos dicen que estaba, frente a la Naturaleza? Para empezar, no tenía el apoyo, ni la compañía, ni la ayuda de los animales domésticos. Nada de caballos, ni de perros, ni de gatos ni de conejos que le ayudaran a vivir y a ser más feliz. Todos los animales con que se encontraba eran salvajes. Y la mayor parte de ellos auténticas fieras.

De modo que o cazabas o eras cazado. Y eso en pequeños grupos. Porque era otra de las cuestiones de aquella vida primitiva. Nada de ciudades, ni de villas, ni siquiera de pequeñas aldeas. Aquellos grupos reducidos de hombres y mujeres vivían a la intemperie, yendo de un lado a otro con sus pequeñines a cuestas. Sabían muy pocas cosas, aunque ya veremos que algo sí que sabían y que les iba a ayudar en su lucha por sobrevivir.

Eso sí, haceos a la idea de que eran hombres y mujeres sin nombre.

¿Es posible? Cada uno de nosotros tenemos nuestro nombre, y eso nos ayuda a movernos en la vida, a saber quiénes somos: Manolo, como el que os habla, o Rosa, la que escribe cuando yo le dicto, o como María o Susana (que son mis hijas), o como Juan Manuel, que es un cha-valín como vosotros y que es mi nieto.

Pero entonces, no. Los hombres no tenían nombre. Las mujeres no tenían nombre. Los pequeñajos no sabían cómo se llamaban.

No sabían hablar todavía, se entendían a gritos o con murmullos. En la oscuridad, si se perdía uno de los hijos, la madre podía encontrarlo, no llamándolo a voces sino reconociéndolo por el olfato.

Que así de extraña y azarosa era entonces la vida.

Y estaba la lucha por buscar la comida. Y también la lucha contra el frío.

Dos aventuras impresionantes de las que os hablaré muy pronto.

Los problemas del hombre primitivo

Ese hombre primitivo tenía pocos problemas. A fin de cuentas, le bastaba con comer, dormir y de cuando en cuando hacer el amor.

Pocos problemas, sin duda, porque no le preocupaban ni la fama ni el dinero, ni atesorar cosas preciosas, que a veces no lo son tanto.

Que ahora nos gusta complicarnos la vida de cualquier modo. Incluso nos preocupa si estamos gordos o flacos.

Pues bien, nada de eso les importaba a los hombres primitivos. Apenas si tenían problemas. ¿Una felicidad?

Nada de eso. Porque los problemas que tenían eran pocos, pero muy fuertes.

Y tan fuertes que tenían que ingeniárselas para poder comer. Estaba la caza, claro. Pero las fieras eran temibles, y tanto que, en ocasiones, en vez de comer eran comidos. Lo cual era peliagudo. Además, aquellos animales eran muy veloces, y había que correr la tira para tratar de echarles el guante, y casi siempre en vano.

De forma que tuvieron que agudizar el ingenio. Nada de correr detrás de los bisontes o de los renos, cansándose en vano. Simplemente, emplear la astucia: esconderse entre los arbustos y esperar a que llegasen. Por ejemplo, a la orilla de un río donde las fieras acudían descuidadas a beber. Y entonces, cuando metían el hocico en el agua, taca, el gran golpe en la cabeza y a otra cosa.

Eso sí, no se andaban con lindezas. Cazar la pieza, despellejarla y comerla a dentellada pura era todo uno.

Porque, y esto es importante que os deis cuenta de ello, todavía aquellos antepasados nuestros tan antiguos no conocían el fuego. De forma que no podían cocinar la comida, poniendo la carne entre unas brasas. Vamos, eso que suele decirse: no comían caliente. Claro que tampoco lo echaban en falta.

Hasta que un día, de forma natural, les pilló una tormenta en pleno descampado. Y, ante su asombro, un rayo hizo prender el fuego en la maleza reseca. Y vieron pasmados cómo el fuego lo devoraba todo. ¡Y qué llamas! Saltaban chispas y chispas y más de uno y de una, en especial los chavalillos, al tratar de coger aquella cosa maravillosa que brillaba tanto, se quemaban y salían despavoridos dando gritos.

Pero pronto comprendieron que aquello era fantástico. Y lo que es más importante: aprendieron a guardar algo de aquel fuego, que podía serles tan útil. Un simple palo cogido por un extremo y que por la otra punta era una brasa pura, se convertía en un arma formidable. De pronto, el hombre fue capaz de asustar a las fieras.

Podéis imaginaros qué paso tan importante dio entonces la Humanidad. Eso ocurrió hace muchos, muchos años. Cientos de miles de años.

Pero tenían todavía un problema: que por mucho que trataran de guardar aquel fuego, incluso dando carácter sagrado a los hombres y mujeres que dedicaban sus vidas a mantenerlo, eso no era suficiente. Aquel hombre primitivo sintió la necesidad de fabricar él mismo el fuego, sin esperar a que la Naturaleza le ayudase, porque eso era como estar a merced de lo que ocurriese. Que las tormentas no se dan todos los días, ni todos los días un rayo prende fuego a la maleza que te circunda.

Por lo tanto, crear el fuego. Esto es, el hombre primitivo tiene ante sí un magno problema: el ser capaz de

crear algo que va a ser imprescindible en su vida: fabricar el fuego.

No fue un proceso corto, sino más bien largo, donde intervino, sin duda, el azar.

No lo toméis a broma, amigos míos, porque el azar tuvo y sigue teniendo mucha importancia en las vidas de aquellos antepasados nuestros como la tiene en nuestras propias vidas. Lo que ocurre es que hay que estar allí, en el momento oportuno, y saber aprovechar la suerte.

Aprovechar la suerte: de eso se trata.

Podemos imaginarnos la escena: hace muchos, muchos años, uno de esos hombres primitivos encontró casualmente una piedra. Una piedra que le llamó la atención por su color o por su forma o por ambas cosas a la vez.

Una piedra que se adaptaba a su mano, que la podía coger con toda facilidad. Y fue una suerte para él porque en aquel momento se encontró con el ataque de una fiera y pudo defenderse y comprobar que lo hacía mucho mejor golpeando con la piedra que con el puño cerrado. Hacía más pupa. Y tanta que pudo ver cómo la fiera se alejaba temerosa. Y hasta en ocasiones, que moría a sus pies.

Aquello era fantástico. Había que encontrar muchas otras piedras parecidas para los otros cazadores del grupo. Y cuanto más puntiagudas en un extremo, mejor, porque pronto comprobaron que de esa forma hacían más daño.

Ahora bien, las piedras frecuentemente eran redondas, de forma que el hombre primitivo tuvo que ingeniárselas para hacerlas más puntiagudas. ¿De qué modo? Empleando el único instrumento que tenían.

Naturalmente, otra piedra.

Y de ese modo, golpeando una piedra sobre otra piedra, fueron consiguiendo su objetivo, tener armas poderosas. Y ya, de pronto, el hombre empezó a sentirse superior a las fieras.

De hecho, lo primero que fabricó fue eso, el arma de combate. Pero no para luchar contra otros hombres, sino para ser el gran cazador, para dominar a las fieras que le amenazaban. Y en eso el fuego lo ayudaría.

Pero antes de seguir con el fuego diremos algo sobre su ropa, porque pronto supo hacerse con las pieles de las fieras que cazaba.

Es más, y eso sí que es divertido, en su afán de acercarse a la caza, se cubrían con sus pieles, dejándolas con la cabeza y el rabo, para arrastrarse hasta el rebaño sin causar alarma. Es más, la piel recién arrancada del cuerpo muerto de la fiera, al cubrirle, le daba también su olor. Y ya sabéis, amigos míos, que las fieras olfatean el peligro. De esa forma el cazador se acercaba a su presa sin que esta oliera nada raro que la alarmase.

Y el cazador, disfrazado de ese modo, se acerca y se acerca, hasta dar un salto y, taca, otra pieza al canto. Por lo tanto, el hombre primitivo inventa el disfraz. Como veis, era mucho más ingenioso de lo que podríamos suponer. Incluso se da cuenta muy pronto de que aquel disfraz puede servirle también de algo más: de abrigo. Y así descubre el vestido, que pronto usarán hombres, mujeres, chavales como vosotros y hasta los críos para protegerse del frío.

Claro es que entonces al disfraz le sobran dos cosas que pronto les parecen ridículas y las arrancan: la cabeza de la fiera y sobre todo el rabo.

Y a buen seguro que al que se le olvidara quitar el rabo a la piel cazada, cuando estuviera despreocupado entre los suyos, aquellos chavalillos se reirían y hasta disfrutarían tirándole de la cola para hacerle rabiar. Y de ese modo nos encontramos con otra cosa estupenda: que aquellos chavalillos empezaban a divertirse, como podéis hacer vosotros mismos.

Estamos, por tanto, ante los pequeños-grandes inventos de aquellos hombres primitivos: las armas y el traje; este, sí, por supuesto, de momento sin adorno alguno.

Volvamos ahora al invento del fuego. Pues ocurrió, nos lo podemos imaginar, que aquel hombre primitivo, en su afán de conseguir una piedra bien puntiaguda, dándole que te dale contra otra piedra para arrancarle trozos y más trozos, de pronto ve cómo salta una chispa en medio de una maleza reseca y esa chispa prende en la hierba y hace brotar el fuego, o bien frotando un palito.

¡Ya no hace falta esperar al rayo, lanzado por un cielo furioso!

El hombre, a partir de ahora, es el dueño del fuego.

Y podéis creerme: eso sí que fue importante.

Hemos hablado de la comida como si solo fuera la conseguida cazando fieras: bisontes, renos, caballos salvajes. Incluso el mamut, esa especie de elefante peludo que era tan grande y tan poderoso; animal que hoy no veréis en ninguna parte de la tierra, porque ya ha desaparecido, pero del que tenemos dibujos y hasta poseemos un ejemplar conservado en los hielos de Siberia. La caza, por lo tanto, era la base principal de la comida del hombre primitivo. Pero también la pesca, y de ahí que pusieran con frecuencia sus asentamientos en las riberas de los ríos. Y aún tendríais que pensar que se alimentaban asimismo con los frutos que les daba la Naturaleza, de igual modo que ahora podéis coger en el campo manzanas o cerezas.

Otros problemas: la lucha contra el frío y el espacio

Ocurrió que hubo etapas muy largas y muy frías; las que los sabios llaman periodos glaciales. ¡Ya os podéis imaginar que entonces hacía un frío de todos los diablos!

¿Cómo se defendían aquellos hombres primitivos contra el frío? Antes de conocer el fuego, malamente. Cierto que su propia naturaleza les ayudaba porque eran muy peludos, como cualquier otra fiera. De todas formas hacen sus abrigos con ramajes y, sobre todo, se refugian en cavernas. ¿No os suena eso? ¿Es que nunca habéis oído el insulto de «cavernícola»? Mirad por dónde, en nuestro lenguaje coloquial aparece el hombre primitivo.

Que era muy peludo, ya lo hemos dicho. Pero aun así y todo, cuando se disfraza con la piel de los animales, para ayudarse en la caza, acaba dándose cuenta de que también le protege contra el frío.

Una piel que se adapta cada vez más al cuerpo y que acaba ciñéndose con un cinturón, lo cual es otro invento estupendo, porque además de protegerles mejor, les permite llevar colgado un palo o una piedra, en suma, un arma, de tal forma que les deja libres las manos.

Y si se cubre el cuerpo con la piel, ¿por qué no se protegerá también los pies? ¿Cuándo surge el calzado? No lo sabemos con precisión, pero en algunos dibujos del arte rupestre se presentan cazadores calzados con botas. Se entiende, porque tenían que recorrer grandes espa-

cios, metiéndose entre la maleza o subiendo y bajando por zonas rocosas donde cualquier piedra afilada podía desgarrarles la planta del pie. Y eso era doloroso y hasta podía dejarles mutilados, a merced incluso de cualquier fiera.

Porque ese hombre primitivo, ese cazador, se ve obligado a desplazarse continuamente. Tiene que ir detrás de la caza. Y como la caza es nómada, él también lo será.

Se mueve en un espacio inmenso, porque la tierra está casi despoblada. Solo un puñado de hombres y mujeres, con sus pequeños a cuestas, van de un lado para otro. Son andarines. ¿Qué os quiero decir con esto? Que caminan por su propio pie. Todavía no conocen el arte de domesticar otros animales para cabalgar sobre ellos. (¡Esos estupendos caballos de las praderas del Oeste!) Y tampoco conocen, por supuesto, la rueda, que será un invento prodigioso, pero mucho más tardío. Lo cual quiere decir que lo que han de transportar, lo han de llevar ellos mismos cargado a las espaldas.

Las edades de la Prehistoria

Todo lo que estamos hablando le ocurrió al hombre primitivo a lo largo de muchos y muchos años. De siglos y siglos. Es más: de milenios. Por lo tanto, con cambios casi imperceptibles, a escala de la vida humana.

Pero de todas formas los cambios se producen. Lo cual quiere decir que aquel hombre, por muy primitivo que fuese, fue progresando. Lentamente, tan lentamente que casi no lo percibía: pero de todas formas lo suficiente para que esos sabios que han estudiado con tanto cuidado aquella época tan lejana puedan establecer edades distintas, de acuerdo con esos cambios producidos.

Y les darán un nombre. Y veréis que no de una forma caprichosa. En principio marcarán dos grandes edades: la Edad de Piedra y la Edad de los Metales. Porque en esos primeros milenios podrán comprobar que el hombre solo conoce el trabajo de la piedra y que tardará muchísimo tiempo hasta que ante sus ojos aparezcan los metales.

Ahora bien, tampoco esa edad de la piedra, tan larga, es siempre constante; al contrario, se aprecian en ella dos etapas: la primera, la más tosca, a la que los sabios van a dar un nombre sonoro: el Paleolítico; es decir, la edad de la piedra antigua. Y naturalmente, a la época de la piedra más pulimentada y más reciente le darán ese otro nombre tan preciso: el Neolítico.

Como veis, ambas palabras con una parte común: *lithos*, que en griego quiere decir piedra.

A su vez, en una época mucho más reciente y en la que se producen profundos cambios en la vida del hombre primitivo, está ya la edad de los metales, que a su vez, y según los que van apareciendo, tiene tres etapas principales: cobre, bronce, hierro.

Aquí también podéis ver algo muy curioso y una nueva invención, pues el cobre lo encuentran aquellos hombres en la propia tierra (las minas de cobre), en cambio no vayáis a pensar que también encontraron minas de bronce. Porque el bronce no se da de forma natural. Es el fruto de la mezcla, de una combinación o, si queréis, con un término más preciso, de una fusión. El resultado de combinar dos metales: el cobre y el estaño.

Por lo tanto, el hombre es capaz de fabricar otra cosa nueva, de inventar algo más fuerte y más útil que el cobre o el estaño: el bronce.

Hasta que llega otra civilización: la de los pueblos que empiezan a trabajar el hierro y con resultados increíbles. Porque las armas de hierro son mucho más poderosas, tanto para la caza como para la guerra.

De forma que el guerrero armado con armas de hierro dominará implacablemente a los que no la posean.

Así, la edad del hierro desplaza a la de bronce.

Para entonces, los hombres han dado otro gran salto en el progreso. Conocen ya el arte de trabajar la tierra, lo cual es otra invención, porque no se limitan a recoger los frutos que dan sus árboles, sino que aprenden a sembrar, metiendo la semilla en la tierra y recolectando lo sembrado: el trigo, sobre todo. Y con el trigo harán el pan.

¡Qué maravilla! ¿Os dais cuenta? Un pan tal como el que comemos ahora todos los días.

De ese modo, ya nos sentimos más cerca de aquellos hombres.

Unos hombres que para entonces ya tendrán animales domésticos. Este agricultor, este campesino, ha logrado convertir una serie de bestias, que hasta entonces vivían de una forma salvaje, en animales a su servicio. Animales como el caballo o el asno, que le permitirán vencer mejor la distancia y transportar cargas más pesadas. O vacas, que le darán no solo carne sino también leche. Y cabras y ovejas. Y perros que les ayudarán en la caza, en la guarda de sus poblados y les harán compañía.

Un hombre sedentario, un campesino que vincula ya a la mujer a esas tareas de trabajo.

Y ese sí que es un salto bien notable, porque fijaos bien: el hombre de las cavernas era cazador, no la mujer. Pero ahora, la mujer trabaja la tierra al lado del hombre.

Eso es importante, porque dará a la mujer un mayor protagonismo.

Ese campesino hace tiempo que conoce la cerámica, en lo que muy posiblemente contribuyó también el azar. ¿Es que acaso comenzó desde el primer momento a fabricar cuencos de barro cocidos a fuego lento? No. Sin duda empezaría de forma más rudimentaria: mezclando, sin más, el barro con helechos o con ramajes para que le permitieran obtener un espacio reducido, pero suficiente, para guardar en él algo valioso: por ejemplo, el agua y, por supuesto, también la leche. Incluso restos de comida que le sobraran de jornadas anteriores.

Ahora bien, y es aquí donde entra otra vez el azar, ese hombre que ya no es tan primitivo (y muy posiblemente no un hombre, sino una mujer) dejó una vez descuidadamente uno de esos cuencos de barro reseco con ramaje al lado del fuego. Y se encontró con que el barro se había endurecido y el ramaje había sido quemado.

De esa forma, surgiría la cerámica. Y pronto a esos hombres y a esas mujeres les gustaría crear jarras y vasijas de las más variadas formas e incluso con curiosos dibujos.

Era todo un arte que se desplegaba maravillosamente, hasta el punto de que conoceremos periodos concretos con el nombre de esos lugares donde se fabricaba la cerámica más vistosa.

¿Y cómo se realiza ese despliegue? Pues por el comercio. ¡Ya tenéis otra novedad! Ya os podéis imaginar a aquellas gentes yendo de un sitio para otro, para conseguir esas piezas de cerámica que valoran tanto, tan lindas y tan útiles que quieren llevarlas a sus casas.

Lo cual nos obliga ya a tratar uno de los aspectos más notables, yo diría que hasta de los más hermosos de la Historia de la Humanidad: el Arte.

El arte rupestre

Resulta que ese hombre tan primitivo es capaz, sin embargo, de hacer unas pinturas maravillosas, primero de los animales que le rodean y después incluso de hombres y mujeres. Pinturas que aparecen, las primeras, en profundas cuevas, y las segundas en abrigos naturales, protegidos por algún saliente rocoso pero en definitiva al aire libre. Entre unas y otras ha pasado un montón de tiempo: ocho o diez mil años. Pues estamos ante unos pueblos que vivieron, los más antiguos, hace unos quince mil años; un salto tremendo, si recordáis los cientos de miles de años que pasaron desde que vivió aquel hombre de Atapuerca. ¿Os acordáis, verdad? El del famoso diente.

Y eso quiere decir que entre aquellos hombres y mujeres que vivían desnudos entre las fieras y los que tanto tiempo después son capaces incluso de hacer obras de arte, el cambio ha sido tan profundo que hasta el mismo hombre se ha transformado.

Y esto no es fábula. Es algo que sabemos muy bien porque los sabios que se han dedicado a estudiar esos misteriosos comienzos del ser humano han descubierto enterramientos con esqueletos de aquellos antepasados nuestros.

¿Con qué se encontraron? Con que los primeros hombres primitivos no eran iguales al que había sido capaz de pintar aquellas obras de arte rupestre. ¿Y dónde estaba la diferencia? Os lo podéis imaginar: en la cabeza. Daba igual que fueran más altos o más bajos, más gordos o más flacos. Lo importante era que los hombres más primitivos tenían también una cabeza más pequeña y, por tanto, una masa encefálica más reducida.

Para que nos entendamos: eran gentes con menos seso. ¿No habéis oído decir eso de «tiene menos seso que un mosquito»?

Os he hablado de los enterramientos descubiertos por los sabios. ¡Qué emoción ver esos esqueletos! Porque no creo que eso os dé miedo. Y os voy a pedir que os aprendáis solamente dos nombres, eso sí, un poco raros. Se trata de los lugares donde aparecieron tales esqueletos: Neanderthal y Cro-Magnon. Y es importante que los sepáis porque se corresponden con esos dos tipos de hombres primitivos. Además, si os los aprendéis de verdad, podéis presumir la tira con vuestros amigos.

Pues bien, ese hombre de Cro-Magnon tiene tanta cabeza que los estudiosos le dan un nombre latino pero que vais a entender enseguida: es un *homo sapiens*. Y ese *homo sapiens*, que vive en la época del Paleolítico superior, es el que pintó hace unos quince mil años las pintu-

ras rupestres que podéis ver en el sur de Francia y en el norte de España. ¿No habéis oído hablar de la cueva de Altamira y de sus hermosas pinturas? ¿Y dónde está Altamira? En la provincia cántabra de Santander, muy cerca además de una villa maravillosa: Santillana del Mar.

¿Y qué podéis ver allí? Solo pinturas de animales: bisontes, caballos, jabalís, ciervos. Y todos pintados con un realismo formidable, utilizando básicamente dos colores: el rojo y el negro.

Sí, ya sé que os estaréis preguntando: ¿y cómo conseguirían esos colores? El negro con gran facilidad: con el carbón que quedaba al quemar madera en las hogueras que les calentaban. Y el rojo, mezclando barro con grasa y con la sangre de las fieras que cazaban.

Son obras de arte que tienen una característica muy peculiar: el artista supo aprovechar las rugosidades de la roca para conseguir unas pinturas en relieve. ¿Lo podéis creer? Talmente como si primero hubiera imaginado, observando fijamente la roca, la forma de un bisonte o de un ciervo. ¿No nos imaginamos nosotros a veces formas extrañas en las mismas nubes que vemos en el cielo? Pues algo parecido. Y sobre esas rugosidades de la roca el artista hizo primero un dibujo del animal que estaba imaginando, manejando una piedra puntiaguda; y después le dio los diversos colores, logrando una auténtica obra maestra.

¿Qué fuerza, o qué instinto, o qué motivo llevó a ese *homo sapiens* a hacer tales pinturas? Es el momento de deciros que no tenemos una respuesta clara para todas las interrogantes que nos plantea la Historia. Pero no hay que lamentarse, porque eso es lo que da a la Historia su nota tan excitante de ser un poco misteriosa.

De todas formas bien es posible que algo de magia interviniera en ello, como si el artista pensara que al pintar aquellos animales, cuya caza era tan necesaria para su vida, de ese modo aseguraba su captura.

Por lo tanto, la magia. ¿No es fantástico? Aquel hombre primitivo quiere asegurar la caza de la que vive y la pinta en cuevas escondidas como si de esa forma la tuviera ya segura y como si bastara dar varios golpes mágicos en aquellas pinturas para que los cazadores saliesen animosos, seguros de cobrar su pieza.

Y pasan los años. Muchos, seis o siete mil años por lo menos. Y otros hombres, viviendo en el levante de España, van a crear otra serie de pinturas en refugios al aire libre, que se han conservado gracias a la sequedad del clima. Y lo notable del caso es que ahora esos pintores, esos nuevos artistas deciden pintar no solo los animales que quieren cazar, sino también a hombres y mujeres. ¡Estupendo! He aquí que aparecen ante nuestros ojos, por primera vez, las figuras de nuestros antepasados.

Nos encontramos con cazadores y con guerreros. Y lo que es notable, cazadores que usan arcos y flechas para cazar ciervos. Por lo tanto, un avance en los medios de combate; lo malo es que no solo los utilizan para cazar fieras sino también para luchar contra otros hombres.

Esto sí que es serio: ese cazador, sin dejar de serlo, se ha convertido ya en un guerrero. Lo cual quiere decir que los hombres no luchan solo contra temibles fieras para poder sobrevivir. Resulta que, de pronto, la fiera más temible con que se encuentra el hombre es el propio hombre.

Ahora bien, en ocasiones ese artista anónimo también pinta mujeres. Eso es lo que hizo el que pintó en Cogul (Lérida).

Es una pintura divertidísima. Allí vemos a nueve mujeres en posturas distintas, como si estuvieran bailando, y en el centro un solo hombre. Las mujeres vestidas con una falda larga y el hombre, en actitud arrogante, aunque mucho más menudo que las mujeres, pero prácticamente desnudo, pues solo calza una especie de botas. Y está claro que el artista quiere marcar lo más peculiar que caracteriza a los dos sexos, pintando a las mujeres con grandes pechos y al hombre con un pene tan grande que casi le llega hasta las rodillas.

No cabe duda: se trata de una danza de mujeres en torno al hombre desnudo; lo que los expertos suelen llamar un culto fálico. Y para que sepáis bien a lo que me refiero, aparte de que vayáis enseguida a buscar esa palabreja en el diccionario, no tenéis más que fijaros en el divertido dibujo de nuestro amigo Jvlivs.

Estamos ya en plena época del Neolítico.

¡Ah! Se me olvidaba deciros algo muy curioso: que ese hombre primitivo sabe ya lo sabrosa que es la miel y se afana en hacerse con colmenas, no sin gran enfado de las abejas, que tratan de picarle. ¿Y cómo sabemos eso? Porque precisamente uno de sus dibujos del arte levantino español lo ha captado.

Pero antes de cerrar este capítulo, a buen seguro que tendréis otra pregunta. Porque hemos hablado sobre la vida, y eso está bien, pero ¿qué pasaba con la muerte? ¿Qué suponía la muerte para aquellos hombres prehistóricos? Que sufrían con la de sus seres queridos podéis tenerlo por seguro. Y que los enterraban, también. Incluso cuando se trataba de algún gran jefe, construían enterramientos especiales con grandes piedras (las *construcciones megalíticas)*, como la que podéis admirar en Antequera, visitando la impresionante cueva de El Romeral.

Como veis, ese pasado tan antiguo, el de la Prehistoria, ese pasado en que vivieron los hombres primitivos hace tantos, tantos años, no solo nos atrae por sus misterios y nos divierte con sus aventuras, sino que además nos sorprende y nos maravilla con su arte.

De esa forma el hombre de las cuevas de Altamira, o del arte levantino de Cogul, aunque sea un hombre primitivo de la época de la Prehistoria, podéis estar bien seguros que ya está haciendo Historia.

BAJO LA SOMBRA DE ROMA

(La Edad Antigua)

Las invasiones:
iberos, celtas, celtíberos y vascos

*D*e pronto, el mundo se puso en movimiento. Es como si se oyera una voz que dijera que muy lejos había un hermoso país, de buenos pastos, de amplias llanuras, donde el sol brillaba, y que además estaba despoblado.

Y empezaron a llegar oleadas y más oleadas de emigrantes. Eso en una época relativamente cercana, si comparamos la inmensidad del tiempo transcurrido en la Prehistoria. Una época en la que al otro lado del Mediterráneo, en ese recodo en el que estaban, al norte Grecia, al sur Egipto y en el medio un pueblo dinámico y atrevido, los fenicios, la Historia con mayúscula se mostraba ya poderosa y pujante. Recordad, amigos míos, que el misterioso Egipto llevaba más de tres mil años floreciendo y que los faraones egipcios habían sido capaces de alzar esas monumentales pirámides que todavía nos siguen maravillando. Y ya veremos cómo alguno de esos pueblos de civilización tan brillante, los griegos y los fenicios, eran también marineros y comerciantes verdaderamente intrépidos, que lanzándose al mar con sus pequeñas naos llegarían también a las costas del levante español.

Por lo tanto, dos grandes sucesos transcurriendo casi al mismo tiempo: las invasiones de pueblos migratorios (iberos, celtas, vascones) y las primeras colonizaciones en la costa del levante español llevadas a cabo por esos pueblos marineros.

Los iberos llegaron por el mar. Pusieron su pie en las costas del levante y lentamente fueron penetrando en el interior, como si quisieran conquistar un castillo.

Porque de eso se trata, y eso es lo curioso, amigos míos. Si viéramos España desde muy alto se nos aparecería como un castillo, como un enorme y alto castillo circundado por el mar, que no otra cosa son las dos mesetas que ahora conocemos con el nombre de Castilla.

Sí, Castilla es un castillo.

Y a ese castillo van llegando los iberos desde el mar, sin duda quedando muchos en el camino; en este caso, devorados por las aguas marinas. ¿No os suena eso? ¿No estáis pensando, al momento, en esas oleadas de emigrantes que ahora tratan de llegar a España desde África en barquichuelas zarandeadas por el mar, con travesías peligrosísimas en las que tantos mueren? Ahora las llamamos pateras, antes eran barcas de remos o pequeñas naves con una vela al viento.

Pero todas las dificultades, todos los peligros, todos los riesgos no atemorizarían a aquellas gentes. Querían llegar a España como fuera, aunque les costase la vida.

Y muchos lo consiguieron.

No solo los iberos, llegando por el mar, sino también los celtas, un poderoso pueblo que ya conocía las armas de hierro y que penetraría por tierra. Y en este caso superando otra gran dificultad: franquear ese mural tan impresionante que son las montañas de los Pirineos; por

supuesto, por sus pasos más accesibles, sobre todo por los Pirineos orientales; esto es, por la actual Cataluña.

De ese modo, los celtas llegaron a España y alcanzaron el río Ebro. Y Ebro arriba, siguiendo el curso del río, en oleadas sucesivas, poniendo sus asentamientos cada vez más lejos, penetraron en la alta meseta castellana, posiblemente por el paso de Belorado.

Belorado. ¿Sabéis por qué lo llamaron así los antiguos romanos? Porque era como el hueco de la guerra *(Bellum foradum)*. Y por ese portillo abierto, por ese estrecho desfiladero, aquellos pueblos celtas, que venían del centro de Europa y que estaban ansiosos de tierras y más tierras despobladas donde poner sus pies, montar sus hogares, pastorear con sus rebaños y cultivar sus praderas, fueron así, lentamente, poco a poco, atravesando la gran meseta y llegando hasta las tierras brumosas de la actual Galicia.

Iberos por el este y por el sur frente a los celtas llegando por el norte, tenían que acabar encontrándose. ¿Un encuentro amistoso? A buen seguro que no.

No. Al menos al principio, porque ambos pueblos querían la misma cosa: aquellas tierras de España. Así que hubo luchas, hubo guerras, y se enzarzaron los unos con los otros.

Pero también hubo intercambios comerciales y, sobre todo, y esto sí que fue importante, relaciones amorosas.

¡Admirable! ¡Los celtas y los iberos uniéndose en buen amor y compaña! Y con tal éxito que surgiría una nueva raza, un nuevo pueblo, una mezcla de los unos y los otros, que así, y con toda propiedad, conocemos como los celtíberos.

Mientras tanto, en esos siglos anteriores a la llegada de los romanos, también otro pueblo de origen misterioso, que es como una leyenda, pero en todo caso procedente de los rincones más alejados de Europa, los vascos, también llegan a España con una personalidad muy fuerte, con una lengua muy extraña y que van poniendo sus hogares en gran parte de la actual Navarra, extendiéndose hacia el oeste, que serían después sus tierras preferidas: el País Vasco.

De esa forma, aquella España que unos siglos antes estaba prácticamente despoblada cambia de aspecto y de un modo profundo penetra en la Historia.

El hombre haciendo Historia. Ya no son grupos reducidos que viven en cuevas, en el norte de España, o en refugios rupestres en el levante español. Ahora son miles y miles de iberos, de celtas y de vascos. Y por todas partes se alzan nuevos poblados y los ganados se multiplican por la estepa castellana. Aquellos hombres cultivan con esmero las fértiles riberas de los ríos, las del Ebro como las del Duero, las del Tajo como las del Guadalquivir.

Es un cambio espectacular.

Pues bien, a esa España que ha pegado tal estirón es a donde quieren llegar también aquellos pueblos marineros tan audaces que antes hemos citado.

Recordadlo conmigo: los fenicios y los griegos.

Porque al Mediterráneo oriental habían llegado noticias de que en el lejano oeste (¿Os suena eso? Algo como los indios del Far-West) había unas tierras muy ricas, con una cultura fascinante, prodigiosa, deslumbrante: el pueblo de Tartessos.

Es más, se hablaba de un rey de corazón magnánimo, al que los años perdonaban como si fuese eternamente joven; o si queréis de esta otra manera: como un viejo lleno de vigor con quien la muerte no se atrevía. Un rey legendario, de nombre sonoro: Argantonio.

Un rey que tenía su reino en el sur de España, en unas tierras maravillosas donde se decía que el cielo era siempre azul y que una eterna primavera florecía en sus campos. Que tal era el fabuloso reino de Tartessos gobernado por Argantonio.

Fue entonces cuando los fenicios llegaron al sur de España y fundaron una ciudad que llamaron *Gades*.

Gades, esto es, nuestra actual *Cádiz*.

En todo caso, una cosa es cierta: estaban ya en marcha las brillantes colonizaciones de los pueblos del mar que iban a poner un rosario de prósperas colonias a lo largo de las costas del Mediterráneo español.

Las primeras colonizaciones: fenicios, griegos y cartagineses

Los pueblos del mar, fenicios como griegos, fueron los primeros en fundar sus colonias en España.

Eran pueblos de refinada cultura. En cuanto a los griegos, llegaron a tales extremos de sabiduría que todavía hoy en día podemos decir que somos herederos de su cultura.

Y esta es la cuestión, esto es lo que quiero que recordéis: que esa gran cultura llegó a España quinientos o seiscientos años antes de Cristo desde el próximo Oriente. Y eso no es tan difícil de recordar. ¿Acaso no nos han dicho desde que éramos pequeños que los Reyes Magos vienen de Oriente?

Pues así fue, amigos míos: también esas colonias vinieron de Oriente trayéndonos un espléndido regalo como si fueran otros Reyes Magos; el regalo de su gran cultura.

Pero no creáis que esos fenicios o esos griegos llegaron a España de un salto, desde sus puertos de Grecia o Fenicia. Eso que ahora parecería tan fácil entonces resultaba más que difícil, casi imposible. Aquellos marineros, embarcados en sus pequeñas naves, tardaban muchas jornadas en llegar desde el Mediterráneo oriental hasta las costas de Italia o de Túnez; imaginaos lo que tardarían en llegar a España.

De forma que hicieron viajes escalonados. Primero fundaron colonias en el sur de Italia o en Sicilia. Más tarde alcanzaron las costas del sur de Francia. Y por fin, saliendo de esas últimas fundaciones, llegaron a España. Y en todas partes construyeron sus ciudades, de cara al mar, alzando casas y templos.

También los fenicios hicieron otras notables fundaciones, en este caso en el norte de África, antes de llegar a España, y entre ellas la más importante y la más célebre: Cartago, cuyas ruinas todavía pueden verse en la costa de Túnez.

Pues bien, serían los griegos procedentes de *Massilia (Marsella)* los que un día, en torno a los años de mediados del siglo VI antes de Cristo, embarcaron hacia España, fundando una de las más hermosas colonias de aquellos tiempos: Ampurias. ¿Y dónde está Ampurias? No os quedéis con la curiosidad. Coged ahora mismo un mapa de España. Tenéis que abrirlo por la parte que toca a la costa de Cataluña. Y allí, en la provincia de Gerona, bien cercana a Rosas, pero al otro lado de su preciosa bahía, os encontraréis con unos puntos que señalan las ruinas de la antigua colonia griega. Lo cual quiere decir que por ahí empezó a penetrar la fantástica cultura griega.

Los hombres de Cartago también fundaron sus colonias en España y particularmente dos de especial importancia: Ibiza y Cartagena.

Y atención a esto: Cartagena no era su nombre primitivo, sino *Cartago Nova*, esto es, la nueva Cartago. Como si dijéramos, los cartagineses habían encontrado un lugar tan impresionante por su gran bahía y por la fuerza de sus acantilados, que quisieron plantar allí la principal de sus colonias en España. Era como alzar otra vez a Cartago.

Y también tenéis ahora que acudir a vuestro mapa para fijar vuestra atención en esa parte de la costa de Murcia donde se puede apreciar claramente la grandeza de esa bahía donde está emplazada Cartagena.

Ahora bien, si con Grecia nos viene la sabiduría y la belleza de las formas, con Cartago lo que nos llega es la sensación de la fuerza, del poder. Cartago será sobre todo una potencia, y tan grande que en sus tiempos quiso ser la dueña del mundo antiguo; en particular, del Mediterráneo occidental.

Y lo intentó, como lo hemos de ver. Pero ocurrió que eso era también lo que deseaba otra gran potencia: Roma.

Esto sí que debéis aprenderlo: en esa lucha por el dominio del mundo antiguo, en esas guerras entre Roma y Cartago, España se vería fuertemente implicada.

Una primera guerra mundial: Cartago frente a Roma

Ya veis: hasta ahora hemos hablado de emigraciones de pueblos que llegan a España bien por el mar, como los

iberos, o bien por tierra, como los celtas. Y hemos hablado de colonizaciones realizadas por pueblos de elevada cultura que venían de Oriente (¿recordáis aquello de los Reyes Magos?) trayéndonos el gran regalo de su refinada cultura: los fenicios y, sobre todo, los griegos.

Y sin duda esos contactos de pueblos diversos provocaron conflictos y alguna que otra guerra entre pueblos distintos. Pero nada que fuera devastador o que tuviera consecuencias desastrosas. Es más, se puede hablar también de entendimiento entre esos pueblos, de relaciones amistosas, de intercambios comerciales, de influencias culturales. E incluso de uniones tan fuertemente establecidas para que pueda hablarse como lo hicimos (¿lo recordáis?), cuando tratamos de la fusión de iberos y celtas, con el resultado de un nuevo pueblo: el celtíbero.

En otras ocasiones la compenetración la hemos visto entre los primitivos habitantes de España y esos pueblos de la mar que asentaban aquí sus colonias. Y eso se aprecia sobre todo en el Arte, donde tenemos un ejemplo prodigioso: *La Dama de Elche*.

Queridos amigos, estas son ya palabras mayores. La *Dama de Elche* es una de las obras de arte más destacadas, y quizá, fijaos bien, la más lograda de todo el arte antiguo español. Serena, majestuosa, parece mirarnos como pensando en algo profundo, en una misión, en una responsabilidad, como si fuera la gran reina que tuviera que velar por la seguridad de sus súbditos.

Tanta es su belleza y tanta es la armonía que se desprende de ese busto en piedra policromada que no cabe duda: el artista, o era un griego hispanizado o un hispano influido por el arte griego.

Pues bien, todo ese mundo relativamente apacible, esa España anterior a las guerras púnicas, va a cambiar para convertirse en uno de los escenarios de aquella gran guerra que empezó a gestarse entre las dos mayores potencias que a partir de mediados del siglo III antes de Cristo se desata en el Mediterráneo occidental.

Los sabios nos hablan de tres guerras púnicas.

Pero ¿por qué púnicas? ¿No estamos tratando de Cartago? Es claro: a los cartagineses también se les llamaba púnicos.

Pues bien, de esas tres guerras púnicas en las que se decide quién iba a ser el dueño del Mediterráneo occidental, de ese mundo que limita al norte con Francia, al este con Italia (¡donde estaba Roma!), al sur con la costa norte-africana (¡donde estaba Cartago!) y al oeste con España, solo la segunda es la que nos importa. Pues en la primera Cartago y Roma combatirán por la conquista de Sicilia y en la tercera se librará la gran batalla en los campos de Túnez, con la destrucción de Cartago, conforme a lo que había decretado el senado de Roma, deseoso de venganza contra su adversario: *«Delenda est Cartago»* («Cartago debe ser destruida»). Por lo tanto, esas dos guerras nada tienen que ver con España. El escenario es otro, ya en torno a Sicilia, ya en el norte de África.

Otra cosa es lo que ocurre en la segunda guerra púnica. Pero ¿cuándo? Porque aquí podemos dar fechas, y cuando son importantes hay que hacerlo: la segunda guerra púnica duró dieciséis años, del 218 al 202 (a.C.). Y es entonces cuando se produce la intervención de España.

Pues los cartagineses, que habían tenido que renunciar a Sicilia, buscan una compensación con otra conquista. Y es cuando fijan su atención en España.

Una conquista que se extendió por gran parte del levante y del sur, desde la desembocadura del Ebro hasta Cádiz (ya sabéis, la *Gades* antigua). Y eso fue obra sobre todo de unas grandes figuras cartaginesas, del linaje de los Barcas. Y podría pareceros chistoso que esa familia ilustre de aquel pueblo intrépido y marinero tuviese tal nombre. Pero no os confundáis: estamos hablando de personajes que, pese a su apellido, nada tienen que ver con las cosas del mar. El primero de ellos, el gran patriarca de la familia, tenía un nombre sonoro. Y tanto que si comentáis con vuestros padres para que vean lo listos que sois y lo bien que sabéis estas cosas, cuando le digáis algo así como: «¿Sabes tú quién era ese Amílcar Barca?», a buen seguro que os contestarán: «¡Ya lo creo!».

Y entonces empezareis una buena charla.

Porque, en efecto, Amílcar Barca, que era un guerrero de los de armas tomar, se empeñó en que debía de rehacer la fuerza del imperio cartaginés y que eso tenía que conseguirlo a través del dominio de buena parte de España. Y lo cierto es que lo consiguió hasta el punto de poder reunir un buen puñado de soldados mercenarios (otra palabreja, ¿no?, pero esta sí que la conocéis: guerreros que luchan por dinero). De forma que el nuevo ejército de Amílcar Barca estaba mandado por oficiales cartagineses pero integrado en su mayoría por soldados iberos. Y lo que es más curioso: como en las cercanías de Cartagena había ricas minas de plata, esos soldados mercenarios serían pagados con la plata española.

Como veis, un negocio redondo para Cartago: consiguen un excelente ejército sin tener que pagar nada por ello.

A la muerte de Amílcar le sucede en el mando otro gran personaje cartaginés, pero en este caso no un guerrero sino un diplomático: Asdrúbal. Precisamente él sería el fundador de *Cartago Nova* y el que, con su habilidad diplomática, aumentaría el poder de Cartago en España sin necesidad de combatir contra Roma. Al contrario, asegurándose su actuación mediante un tratado con los romanos que dejaba España bajo su influencia.

Claro está que el dominio de los cartagineses tiene altibajos y que de cuando en cuando los iberos pueden hacerles frente y darles algún que otro disgusto.

Solo os voy a referir uno, pero tan divertido que os va a llamar la atención. Precisamente el combate que provocará la muerte de Amílcar. Pues cuando estaba tan seguro en el campamento militar que había montado cerca de Elche, los indígenas hispanos, conscientes de su inferioridad militar si luchaban en campo abierto, idean un audaz combate nocturno contra el campamento de Amílcar. Un combate que cogerá por sorpresa a los cartagineses. Por lo tanto, de noche y bien cerrada. Y de tal forma que les provocará el pánico.

¿Cómo lo consiguieron? Reunieron un buen rebaño de toros, les ataron pequeñas antorchas en los cuernos y los lanzaron contra el campamento cartaginés. Serían los «toros de fuego».

¿Os imagináis la escena? Esos cartagineses, durmiendo plácidamente y tan confiados en su campamento cuando de pronto se despiertan despavoridos porque unos toros, con esas extrañas luces en sus cuernos, irrumpen salvajemente en sus tiendas.

Y de esa forma, tan hispana, aquellos indígenas conseguirían una espectacular victoria, con muerte incluso de Amílcar Barca.

Hasta entonces, sin embargo, todavía no estalla la guerra entre Cartago y Roma en que estuviera mezclada España. Pero sí lo sería cuando entra en escena, a la muerte de Asdrúbal, el hijo de Amílcar Barca: Aníbal.

Atención a este personaje. Es un nombre que deberíais recordar. Estamos ante uno de los más célebres guerreros de toda la Antigüedad. Casi, casi, a la altura de Alejandro Magno o de Julio César; al menos como soldado, aunque no fuera tan destacado como político.

Y Aníbal, al que su padre Amílcar Barca le había hecho jurar «odio eterno a Roma» (y os lo pongo así, entrecomillado, porque estamos ante una de las frases más repetidas que nos vienen de aquellos lejanos tiempos), ese Aníbal, ese intrépido soldado ya no respeta la paz con Roma. Empieza por ampliar el dominio de Cartago sobre la España interior, hasta el punto de entrar en la meseta, de cruzar el Tajo y también el Duero, tomando una ciudad que parecía inexpugnable y que yo quiero recordaros porque para mí tiene un especial significado. Para mí y para muchos otros españoles, porque esa ciudad era nada menos que *Salmantica*, esto es, Salamanca.

En ese frenético combatir por media España, Aníbal incluso se atreve a poner sitio a Sagunto; ya sabéis, esa ciudad cuyas ruinas antiguas aún podemos ver muy cerca de Valencia. Y eso eran palabras mayores, porque Sagunto estaba bajo la protección de Roma. Con lo cual, guerrear contra Sagunto era como hacerlo contra Roma.

Sagunto resistiría heroicamente durante meses y meses, mostrando una de las características más singulares de la España de todos los tiempos: preferirían el suicidio colectivo antes que rendirse.

¡Qué espectáculo tan atroz!

Eso ocurría en el 219 (a.C.). Al año siguiente, la segunda guerra púnica había estallado; una de las guerras más espectaculares de la Historia. Y en ella, metidos de hoz y coz, los españoles de aquellos tiempos.

La segunda guerra púnica

¡**A**níbal ataca! Objetivo: Roma.

Sale de España y lleva consigo un montón de españoles.

¡Y también elefantes! ¿Lo podéis creer? Elefantes para que metan miedo a los romanos. Y es que, claro, en definitiva Aníbal era un africano, su gente venía de África. Su patria, Cartago, estaba asentada en la costa de Túnez. Y a buen seguro que eso ya lo habréis mirado en el mapa. Y si no, ahora es el momento.

Pero volvamos con Aníbal. Al frente de un poderoso ejército, con muchos españoles que ha contratado y con esos elefantes, se mete en la gran aventura. Atraviesa los Pirineos. Bordea toda la Costa Azul del Mediterráneo francés. Sabe que pronto tendrá ante sí los Alpes, antes de llegar a Italia. Pero no le importa. Los franquea, eso sí, a trancas y barrancas, pero al fin se planta con sus soldados y siempre con sus elefantes en la llanura del Po.

Los romanos, que ya tienen noticia de aquella invasión, le salen al paso. Pero en vano. Batalla tras batalla, año tras año, en invierno como en verano, Aníbal derrota una y otra vez a los romanos. La última, pasada ya Roma, en *Cannas*. Como es tan listo, cuando se encuentra con el ejército romano, que era muy numeroso, les hace creer que flojea en el centro, y cuando los romanos se arrojan ciegos sobre ese punto, se encuentran con que Aníbal los envuelve por las alas y los machaca.

Así que, ¡Roma a la vista! Pero contra todo pronóstico, Aníbal prefiere darse un respiro. Entre tanto batallar, ya se ha quedado casi sin gente y casi sin elefantes. Y claro, ya no es lo mismo. Así que prefiere hacer un alto.

Sus enemigos dirán que lo que quiere es darse a la buena vida, en Capua, donde hay hermosas mujeres y no falta el vino.

De forma que Roma resiste.

Y lo que es más importante para nosotros: que los romanos, que no son nada tontos, pronto dan en pensar que si Aníbal había llegado tan fuerte desde España, algo había en esa España que merecía la atención. Y como la mejor defensa es pasar a la ofensiva, los romanos contraatacaron invadiendo España, que por otra parte era una tierra que ya conocían. ¡Ellos también podrían sacar hombres y dinero de aquella fantástica España!

Y lo hacen con tanta fortuna que a las primeras de cambio toman *Cartago Nova;* no lo olvidéis, amigos míos: se trata de Cartagena. Y eso cuando está acabando el siglo III antes de Cristo (exactamente en el año 209 a.C.).

Puede decirse que era el verdadero comienzo de la conquista de España por Roma. Además, ya no van a encontrar cartagineses, porque pocos años después la propia Cartago es derrotada en su tierra, pese a que Aníbal había acudido allí a defenderla.

Eso ocurre en un año muy particular, en un año capicúa: el 202 (a.C.).

Para entonces, los romanos han decidido que España era su objetivo principal. ¿No habían sacado de allí toda su fuerza los cartagineses? De hombres como de dinero.

¡Pues que ahora España fuera suya! ¡A por la conquista de *Hispania!*

Eso sí, no creáis que tardaron poco tiempo, algo así como cinco o seis años.

Nada de eso: ¡casi doscientos! Pero al fin lo consiguieron.

Y es cuando nos encontramos con una serie de nombres que es bueno recordar, aunque sea porque os deis cuenta del gran cambio que ya se ha producido. ¿Os acordáis que os había dicho que, al principio, aquellos hombres que vivían en España en cavernas, los hombres de la Prehistoria, no tenían nombre? Pues ahora sí los tienen. Y algunos bien raros, como Indíbil y Mandonio. ¡Vaya tela!, ¿verdad? Se trata de dos jefes iberos que no quieren someterse a los romanos. Pero, claro, los romanos eran más fuertes y acaban venciendo. Indíbil muere en el combate. Mandonio es cogido prisionero y ejecutado.

Que así se las gastaban los romanos. Pasaría medio siglo y avanzarían por toda España, apenas sin encontrar resistencia. Se trataba de las legiones romanas, bien disciplinadas, con poderoso armamento y con buenos capitanes, contra los cuales apenas si pueden hacer nada los jefes indígenas hispanos.

Pero, como suele ocurrir, los romanos, envalentonados, abusan de una manera descarada. Imponen tributos y más tributos a los sufridos iberos y celtíberos. Y castigan despiadadamente a los que se resisten. Entran en los poblados, saquean, violan a las mujeres, matan a los hombres o los llevan como esclavos.

Y tanta es la opresión y tanta es la injusticia que a mediados del siglo II a.C. surge un valiente que, harto de tanto abuso y de tanta humillación, les hace frente.

Su nombre es para recordar, porque fue tan valiente que logró vencer más de una vez a los romanos y los romanos le llegaron a tener miedo.

¿Cómo se llamaba este valiente soldado?: Viriato. Surge de la España entonces más recóndita, de *Lusitania*, acaso de las tierras del Duero.

Tanto es así que si vais a Zamora veréis allí su estatua.

Sin embargo, más que de la llanura del Duero diríase que procedía de las montañas. Un montañés indómito, sobrio, que resistía el calor como el frío, acostumbrado a grandes caminatas. Y desde sus montañas, con mirada

de águila, sabía ver por dónde llegaban sus enemigos y dónde les podía atacar mejor. Y se movía con tanta rapidez que los romanos eran incapaces de apresarle. Durante ocho años fue la pesadilla de los romanos, tan pronto luchando en Ronda como en la serranía de Cuenca o en Despeñaperros.

De modo que uno de los generales romanos, de nombre sonoro (Cepión), pensó que solo había un modo de acabar con Viriato: tendiéndole una trampa. Logró ponerse en contacto con tres de sus capitanes e hizo un trato con ellos: les haría inmensamente ricos si mataban a su jefe. Y los traidores aceptaron.

Así, una noche en que Viriato dormía en su tienda, aquellos capitanes suyos entraron de improviso y lo asesinaron.

De ese modo acabó Viriato. Pero cuando los traidores fueron a reclamar al cónsul Cepión su recompensa, se encontraron con lo que se merecían: Cepión les despidió de mala manera con una frase que se hizo legendaria:

«¡Roma no paga a los traidores!»

El último gran obstáculo que tuvo Roma para dominar el corazón de España, la meseta norte, lo encontró no ya en un valiente soldado, sino en una ciudad. Una ciudad que por su feroz resistencia llenó de admiración y de temor a Roma: Numancia.

De Numancia ya no quedan sino las ruinas. Pero las podéis encontrar si vais a Soria, pues están tan solo a unos cuatro kilómetros al norte de la ciudad del Duero. Allí podéis ver incluso alguna columna levantada sobre aquella tierra, aguantando las injurias del tiempo.

Los romanos tuvieron que luchar contra Numancia por los mismos años en que estaban combatiendo a Viriato, pero ninguno de sus generales, ni Metelo ni el mismo Pompeyo ni Mancino, logró más que sufrir derrota tras derrota.

¡Numancia parecía invencible! Y Roma tuvo que acudir a su mejor soldado, a Publio Escipión Emiliano, el que había acabado de vencer a Cartago en la tercera guerra púnica, cumpliendo la famosa sentencia del Senado de Roma:

«Delenda est Cartago!»

Que tanto temor había provocado Numancia a Roma, hasta el punto de pensar que solo quien había arrasado a Cartago sería capaz de hacer lo mismo con Numancia. Pero no creáis, amigos míos, que Publio Escipión Emiliano se iba a lanzar con sus legiones contra Numancia. Al contrario, le tenía tanto respeto que juzgó que solo había una forma de combatirla: con el pico y con la pala.

¿Con el pico y con la pala? ¿Cómo es eso? ¿Qué tramaba el astuto romano? Pues muy sencillo: nada de combatir abiertamente a los numantinos, pues ya sabía cómo se las gastaban. Ideó cercar la ciudad, cavando grandes trincheras que la rodeasen, para impedir que le entrasen refuerzos. Y, sobre todo, para que no le llegasen alimentos.

Ya que no podía vencerlos con la espada los vencería por el hambre.

Y así pasaron meses y meses, porque los numantinos se negaban a rendirse. Hasta que al fin, cuando ya solo quedaban muy pocos hombres y casi solo mujeres, viejos y niños, semidesnudos y hambrientos, se rindieron.

Pero no todos.

Pues una parte de ellos prefirieron el suicidio colectivo.

Que tanto amaban su libertad y su independencia.

El resto, solo unos centenares, se entregaron al fin a los romanos y fueron vendidos como esclavos.

Que esa fue su triste suerte.

Y Roma, como había hecho antes con Cartago, o con Corinto, con aquellas grandes ciudades tan poderosas y que le habían ofrecido resistencia, también mandó destruirla hasta los cimientos:

«Delenda est Numantia!»

A partir de ese momento (133 a.C.), Roma extendió su dominio fácilmente por casi toda España, salvo por el norte, como veremos. En todo caso, tanta fue la importancia de España dentro del Imperio de Roma que grandes jefes romanos, luchando unos contra otros, hicieron de España su baluarte. Así lo hizo Sertorio, ya entrado el siglo I a.C., y así lo hizo el mismo Pompeyo frente al todopoderoso Julio César. De tal forma que Julio César, aquel gran soldado de la Roma antigua, uno de los grandes capitanes que hubo en la historia de todos los tiempos, tuvo que venir a España para lograr aquí su gran victoria sobre su enemigo, como lo hizo en Munda, ese lugar cercano a Córdoba.

Solo faltaba la región de los cántabros para que toda España fuera romana. Y a ello se dedicó al principio otra figura destacadísima de la Roma antigua: Augusto, aquel que fundó el Imperio romano.

Pero Augusto, cansado de una guerra que parecía no tener fin, acabó dejándola en manos de sus soldados. Y uno de ellos, Agripa, fue el que logró la victoria romana.

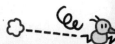

Al fin, España se convertía en *provincia pacata*, esto es, en provincia donde ya reinaba la paz.

Era la *Hispania romana*, que pronto se señalaría como una de las provincias más prósperas, más cultas y más importantes de todo el Imperio romano. Y eso ocurría poco antes del nacimiento de Cristo: el año 19 (a.C.). A partir de ese momento se desarrollaría con todo su esplendor la romanización de España.

La Romanización

Roma fue cruel. Humilló, saqueó, esclavizó. Y los pueblos iberos y celtíberos se vieron atropellados y ofendidos. Pero cuando las legiones romanas acabaron la conquista empezó la romanización de España.

Y una cosa es importante que tengáis en cuenta: Roma tenía una cultura superior. No solo la suya, sino sobre todo la griega, que los romanos harían circular por todo su Imperio. La romanización empezó al paso de carga de las legiones romanas. Porque las legiones no solo combatían, sino que también se relacionaban con los pueblos cercanos. Incluso fundaban ciudades. ¿Por qué creéis que esa preciosa ciudad que se llama León lleva tal nombre? Porque en principio allí se asentó la *Legio Gemina*, origen de la ciudad que los romanos llamarían *Legio* y que ahora conocemos por León.

Y esa iba a ser una de las mayores diferencias con la España prerromana: que a los antiguos toscos poblados, de iberos como de celtas y celtíberos, sucederían modernas ciudades tales como las que crecían por todo el Imperio romano. Unas por transformación de antiguas poblaciones prerromanas; otras por fundación directa. Y de ese modo podéis encontrar en el mapa una serie de ciudades con fuerte huella romana, donde aún podéis ver preciosos restos de aquella antigüedad: *Tarraco* (Tarragona) como *Emérita* (Mérida); *Legio* (León) como *Lucus* (Lugo). Y también *Cesarea Augusta* (Zaragoza), una ciudad alzada al comienzo del reinado del primer emperador romano, que por eso lleva su nombre. Otras se alzarían en puntos estratégicos del centro de las dos mesetas, como *Toletum* (Toledo) sobre el Tajo o como *Asturica* (Astorga) en la meseta superior. Y otras muchas que sería fatigoso ir citando, aunque una no la podéis olvidar: *Hispalis* (Sevilla).

Pero los romanos no se limitaron a levantar ciudades o a reconstruir antiguos poblados indígenas. Hicieron mucho más. Entre otras cosas algo que sería vital para ellos, y lo vais a comprender muy bien: las calzadas y los puentes, esto es, las vías de comunicación que permitieron a los romanos llegar a todas partes. A paso de carga con sus legiones, pero también permitiendo viajar a los comerciantes, y, sobre todo, transitar la cultura.

Y de eso podéis ver muchos ejemplos por los restos de aquella España romana, que todavía quedan por todas partes. Os voy a recordar solo algunos pero que a buen seguro que ya conocéis o de los que ya habéis oído hablar. Así, entre las calzadas, la Vía de la Plata, que unía *Hispalis* (Sevilla) con *Asturica* (Astorga), pasando por *Emerita* (Mérida) y por la misma *Salmantica* (Salamanca).

¿Y los puentes? ¿No habéis oído decir en muchos lugares «este es un puente romano»? Que tales son y todavía se conservan el famoso puente que cruza el Tormes, en Salamanca, o el puente de Alcántara que franquea el Tajo. Y fijaos bien: este era tan importante, tan importante, que el propio emperador Carlos V lo mandó reforzar y embellecer mil años más tarde. Pero habíamos hablado de las ciudades romanas. ¿Qué nos queda de ellas, con tantas urbanizaciones recientes? ¡Las murallas! Id a León, id a Lugo. Allí las podréis ver todavía. A las de Lugo incluso tan bien conservadas que, como eran tan anchas, permiten a los lucenses tener allí un hermoso paseo.

Pero si todo esto es importante más lo fue aún la cultura. La romanización consistió, sobre todo, en que por aquella España, convertida en provincia *(Hispania romana)*, se extendió con prontitud y suma facilidad el idioma de Roma: el latín. De tal modo que pronto surgieron escritores de gran fama en España que se hicieron célebres en la misma Roma.

Los sabios os hablarán de muchos, pero yo solo quiero recordaros tres o cuatro que a buen seguro que ya conocéis o habéis oído hablar de ellos. Tal fue Séneca, el cordobés (Lucio Anneo Séneca, 4-66 d.C.), el que fue maestro de Nerón y al final su víctima, pues aquel bárbaro emperador acabó ordenando su muerte. Entre sus muchas obras una podéis recordar, porque a todos nos toca: su tratado *De felicitate,* porque allí es donde Séneca afirma que la virtud es la base de la felicidad.

Séneca: uno de los hombres más grandes de la Antigüedad. Y bien demostraba serlo quien nos dejó esta sentencia:

«Tienes que vivir para otro si quieres vivir para ti mismo»

Como veis, un contemporáneo de Cristo que habló como si fuera en cristiano, y que fue tan sabio que todavía el pueblo dice frases como: «Ese es más sabio que Séneca».

Que así es como el pueblo español recuerda a sus grandes hombres.

Y hubo otros escritores de origen español, como Lucano, que nació también en Córdoba, o como Marcial, que nació en la aragonesa Calatayud, o como Prudencio, que nació en Zaragoza. Y los tres, poetas de alto renombre.

Pero no solo España dio poetas a Roma. También Emperadores. Y entre los más grandes. Pues, ¿cómo olvidar a Trajano (98-117) y a Adriano (117-138), ambos nacidos en la *Bética?*, ¿o a Teodosio (347-395), nacido en la hispana *Cauca?*

Los dos primeros, Trajano y Adriano, llenan lo mejor de la historia del Imperio romano en el siglo II. Y en cuanto a Teodosio, llamado también «el Grande», su influencia fue decisiva a la hora de convertir el Imperio romano al Cristianismo.

Con lo cual, queridos amigos, tocamos una cuestión verdaderamente importante en la Historia de nuestra España: la introducción del Cristianismo. Y como es tan importante, enseguida nos encontramos con leyendas, a veces tan notables que acaban teniendo tanta o más fuerza que si fueran verdaderas.

Porque esto es lo curioso: la leyenda de que el apóstol Santiago fue el que predicó el Evangelio en España. Y, sin embargo, los sabios que han estudiado estas cosas nos aseguran que Santiago murió en Oriente antes de navegar, como quería, a España. Y de igual modo parece ser que hubo otra leyenda: la de que su cuerpo fue trasladado y enterrado en el campo donde hoy se alza la ciudad que lleva su nombre: Santiago de Compostela.

Leyenda o no, el resultado fue formidable: muchos lugares grandes y chicos de España tienen sus iglesias dedicadas al Apóstol. Y bajo su nombre los españoles encontraron fuerzas para combatir contra sus enemigos, conforme al grito de combate que se haría famoso:

«*¡Santiago y cierra España!*»

Con lo cual, estamos tocando uno de los puntos fundamentales de la historia de nuestro país: la religión. El hecho de que España se convirtiera en frontera de la Cristiandad y que por ese vínculo se hiciera más y más europea. Porque en un principio Europa fue sobre todo la *Universitas Christiana*, esto es, el haz de pueblos cristianos o, si queréis, la Cristiandad.

Un mundo grandioso que vivía en paz. Pero, de repente, las cosas cambiaron. El Imperio romano empezó a tambalearse. Unos pueblos bárbaros, que llegaban del norte, asaltaron sus fronteras.

Y con tal furia que llegaron hasta España. Eso sería el final de la Edad Antigua.

Unos nuevos tiempos se anunciaban.

Algo tan tremendo que bueno será que os lo contemos mañana.

¡QUE VIENEN LOS BÁRBAROS! (Y TAMBIÉN LOS MUSULMANES)

(La Alta Edad Media)

¡Que vienen los bárbaros!

¿**P**or qué tanta alarma? ¿Por qué tanto ruido? ¿No era el Imperio romano tan fuerte y tan poderoso? Sí, es verdad, pero las cosas tienen un límite. ¿Y sabéis lo que ocurrió? Que los romanos empezaron a flojear. Nada de estar ellos con las armas en la mano para defender el Imperio. Que eso lo hicieran otros. ¿No estaban dispuestos los iberos o los francos a luchar, ganándose su buen dinero? Pues los romanos a vivir en Roma, que era donde se estaba mejor.

Ya sabéis el dicho: «Como en la casa de uno, nada».

Pero, claro, esos mercenarios no luchaban con igual fiereza cuando tenían que combatir contra los pueblos bárbaros, que siempre estaban deseando meter sus narices en el Imperio a ver si sacaban algo.

Es que la fama de Roma, como la ciudad más rica del mundo, llegaba a todas partes. Así que aquellos pueblos bárbaros asaltaron sus fronteras, a ver hasta dónde podían llegar.

Y siempre sacaban un buen botín, los vándalos como los alanos, los hunos como los godos.

Además el Imperio empezó a romperse a la muerte de aquel emperador español que ya conocéis: Teodosio. Eso ocurrió a fines del siglo IV. Entonces el Imperio se dividió en dos partes, con dos capitales: la antigua, Roma, y la nueva, a Oriente, Constantinopla (la fundada por Constantino). Y de esos dos imperios resultó que el de Occidente, el de Roma, fue el más combatido por los bárbaros. Y bien entrado el siglo V muere su último emperador, que tenía un nombre ridículo: Rómulo Augústulo.

Ya para entonces se habían producido tremendas invasiones que penetran en España por los Pirineos y se van asentando en su territorio. Y así aquellos hispano-romanos vieron cómo los suevos se adueñaban de Galicia y los vándalos de la Bética, y estos con tal fuerza que, fijaos, hasta acabarían dándole su nombre. Pues, ¿de dónde creéis que viene el nombre de Andalucía?

Si quitáis la V inicial os daréis cuenta: (V)Andalucía, la tierra de los vándalos.

Pero más importancia que los suevos y los vándalos tuvieron los visigodos. Estos acabarían dominando España entera, arrancada ya del Imperio romano. De forma que con los visigodos puede decirse que empieza la historia de España, como un Estado independiente.

Aunque no duraría mucho, porque a principios del siglo VIII otro pueblo, que en este caso vendría del sur (los árabes), acabaría arrasándolo todo. De forma que la monarquía visigoda apenas si tiene algo más de dos siglos de existencia: los siglos VI y VII después de Cristo.

Eso sí, con algunos personajes y dando lugar a algunos hechos de cierta importancia que bueno es que los conozcamos.

Pero no os asustéis, porque no vais a tener que aprenderos de memoria la lista de los reyes godos, que era una de las pesadillas de cuando yo era tan pequeño como vosotros hace muchos, pero que muchos años.

Nada de eso. Me basta con que hablemos de tres o cuatro, que los otros tienen además unos nombres tan raros que lo mejor es olvidarse de ellos.

Hablemos, pues, solo de algunos, como el rey Leovigildo, que puso su capital en Toledo y que quiso ser rey de toda España. Y lo consiguió venciendo a los suevos en Galicia y a los vándalos en Andalucía. Incluso luchó contra los vascones. Y mirad por dónde, fundó entonces una ciudad que, andando el tiempo, sería una de las más hermosas de España: Vitoria.

Pero bajo Leovigildo España tenía un problema. Bueno, muchos más, pero uno realmente importante: la división de aquella sociedad desde el punto de vista religioso. Porque los visigodos, con su rey al frente, eran cristianos, pero no obedecían a Roma.

Eran arrianos.

Ya sé que eso no os suena a nada. Pues bien, ocurrió que poco antes un tal Arrio, un clérigo muy venerado en el próximo Oriente, discutió algunos de los principios defendidos por el catolicismo romano. Con lo cual esos arrianos se apartaron de Roma.

Ahora bien, la inmensa mayoría de la población era hispano-romana y los hispano-romanos seguían a Roma. Por lo tanto, a la división racial entre los dos pueblos (visigodos e hispano-romanos) se añadió la religiosa. ¿Y cómo se solucionó eso? Por la decisión de otro rey, Recaredo, que a fines del siglo V decidió convertirse al catolicismo. Y con él, todo su pueblo.

Tal haría y de forma solemne en un gran Concilio al que acudieron a Toledo la mayor parte de los obispos de España; sería el famoso III Concilio de Toledo, ante el cual Recaredo proclamaría públicamente su conversión al catolicismo.

Pues bien, por esos años la Iglesia tiene tanta importancia en España que ella es la que sabe guardar, además, lo mejor de la cultura de la Edad Antigua. Y fijaos por dónde eso lo hizo un santo que además era un gran sabio: san Isidoro de Sevilla. Un hombre tan sabio, tan sabio y tan listo que quiso recoger lo mejor de la sabiduría de la Antigüedad. Y escribió una gran obra con muchos volúmenes, echando en ello media vida: las *Etimologías*. Una obra tan notable que podemos considerarla como la primera enciclopedia que se escribió jamás.

Y cosa curiosa, en su libro san Isidoro pondría las bases de lo que tenían que aprender todos los muchachos que quisieran saber algo de provecho: las siete disciplinas que él dividió en dos apartados, el primero dedicado a las Letras, encabezado por la *Gramática*, añadiendo la *Retórica* y la *Dialéctica*. Por lo tanto, las asignaturas que servían para la comunicación, lo más correcta posible, entre las personas. Y eso era bueno, porque como suele decirse, lo mejor para entenderse es hablar, dialogar, negociar; todo menos acudir a la violencia. Eso constituía la primera fase de la enseñanza. Dicho en latín: el *trivium*. Y la segunda, que reunía las otras cuatro disciplinas, estaba dedicada a las Ciencias, empezando por la de los números, las *Matemáticas*. Pero también con la *Geometría*, o sea, la medición de la Tierra (Geo=Tierra). Y no contentándose con ello añadían el estudio del Universo que les rodeaba: la *Astronomía;* completándolo todo con la materia que serena los espíritus: la *Música;* era el *quadrivium*.

¿Y no es cosa notable que san Isidoro metiese a la Música entre aquellas ciencias de los números? Eso tiene que pareceros bien porque la Música es armonía, y esa armonía tiene que estar sometida a una precisión matemática.

Pero más notable es todavía que aquel sistema de enseñanza durase siglos, como lo es también que los escritos de san Isidoro, y en particular sus *Etimologías,* influyeron incluso sobre los autores del siglo XV, en pleno Renacimiento. Por lo tanto, con casi un milenio de vigencia.

Ese fue el impresionante magisterio de san Isidoro de Sevilla.

Pero volvamos a los visigodos. Todavía seguían gobernando España durante el siglo VII, pero no sin dificultades, entre otras cosas porque con frecuencia luchaban entre ellos.

Pues ocurrió que a principios del siglo VIII, a la muerte del rey (que tenía un nombre rarísimo: Witiza), los godos eligieron a otro, pero no por el sistema hereditario, sino proclamando a un noble, Rodrigo, que no tenía nada que ver con la familia del rey muerto.

¡Menudo lío! Porque eso no contentó a todos y ya os podéis imaginar que enrabietó especialmente a los hijos de Witiza y a sus parientes y amigos, a los que la gente llamaba, y con razón, los witizanos. Y como habían sido desplazados del poder y ya no mandaban en la monarquía, pensaron que tenían que hacer algo para echar a Rodrigo y ser ellos los amos de España.

Pero ¿cómo podían hacerlo, si el ejército estaba bajo las órdenes del rey Rodrigo? Solo encontraron una solución: pedir ayuda al extranjero. ¿No estaban asomando ya a las costas fronteras de África los árabes, aquellos que predicaban que Dios solo era Dios y Mahoma su profeta? No se trataba, claro, de invitarles a que vinieran a dominar. Bastaba con que les echaran una mano, les ayudaran a derrotar al rey Rodrigo y les facilitaran para que ellos, los witizanos, fueran los nuevos dueños de España.

Pero ocurrió algo muy distinto, como pronto vais a ver.

La invasión árabe

Esto que os voy a contar es tan notable, tan espectacular, tan fuera de lo corriente, que uno no sabe si está hablando de una historia ocurrida o de una leyenda fantástica. Y de hecho, de historia y de leyenda tendremos que tratar.

Porque ocurrió, y eso sí que es historia, que los witizanos pidieron apoyo a los árabes que estaban en la costa del norte de África, en el actual Marruecos. Y atención a esto: los árabes no eran un pueblo sin más. Estaban bien organizados y constituían un Imperio muy poderoso, que tenía su centro a miles de kilómetros de distancia, en Da-masco (por lo tanto ya en Asia), que se había extendido hacia el este, llegando a Persia y a la misma India. Algo fantástico que había ocurrido en menos de un siglo, pues recordad que Mahoma, el fundador del islam, había muerto en el año 632. Sus sucesores, los califas, habían puesto su capital, como os acabo de decir, en Damasco.

Pero no solo se habían extendido hacia el este sino que habían invadido Egipto y toda la costa norte africana hasta plantarse con sus ejércitos frente a España. Se habían apoderado, entre otras grandes ciudades, de Tánger, donde habían puesto como gobernador a Muza. Y fue a Muza a quien los witizanos pidieron ayuda.

No creáis que al principio eso le hizo mucha gracia a Muza. Hasta entonces, el Imperio de los árabes se había extendido por tierra, y su fuerza estaba sobre todo en la caballería; una caballería ligera, de gran velocidad, que se lanzaba contra el enemigo con una audacia y con una fiereza tremendas, consiguiendo victoria tras victoria.

Pero el caso que se le presentaba ahora a Muza era distinto. ¡Tenía que cruzar el mar! Y un mar con frecuencia muy revuelto, como eran las aguas del estrecho de Gibraltar, que comunican, eso ya lo sabéis vosotros, el Atlántico con el Mediterráneo. El mismo califa, que estaba muy lejos, en Damasco, cuando se le pidió permiso para aquella empresa, advirtió a Muza que anduviera con cuidado, porque cruzar el mar tenía sus peligros.

Así que al principio Muza se conformó con enviar una pequeña expedición mandada por un lugarteniente suyo:

Tarik. Apenas cinco mil hombres, y en su mayoría bere-beres, que eran los auxiliares africanos de los árabes. Y Tarik pasó el Estrecho embarcando sus soldados y sus caballos en pequeñas barquichuelas y tuvo suerte, lo-grando poner pie en las costas españolas cercanas al peñón que lleva su nombre: Gibraltar (que quiere decir `monte de Tarik´). Y como sus fuerzas eran escasas solo se atrevió, de momento, a ocupar una pequeña ciudad.

Aquí aparece la leyenda. Porque a pesar de que Tarik era musulmán le acompañaba como gran aliado suyo el conde don Julián, gobernador visigodo de Ceuta y que, como tal, era cristiano.

¿La leyenda? Sí, y tanto que está cantada por el Ro-mancero.

Pues sucedió, según nos cuenta esa leyenda, que el conde don Julián tenía una hija, Florinda la Cava, que vivía en la Corte del rey Rodrigo, en Toledo.

Florinda era muy hermosa. Y vino el verano, con esos calores tan fuertes que abrasan toda la meseta y por lo tanto también a Toledo. Y para escapar del calor, Florinda se fue a bañar, con sus amigas, metiéndose desnuda en las aguas del Tajo. Y sigue diciendo la leyenda que Ro-drigo pudo verla a su antojo y, deslumbrado ante tanta hermosura, se enamoró de ella.

¿Y no os he contado que eso lo recoge el Romancero? Pues ahí lo tenéis:

> *En la sombrada alberca*
> *su cuerpo brilla tan lindo*
> *que al de todas las demás*
> *como sol ha escurecido.*
> *Pensó la Cava estar sola*
> *pero la aventura quiso*
> *que entre unas espesas yedras*
> *la miraba el rey Rodrigo.*

Y aquí viene lo bueno:

> *Puso la ocasión el fuego*
> *en el corazón altivo*
> *y amor, batiendo sus alas,*
> *abrasole de improviso:*

Y sobreviene el drama:

> *De la pérdida de España*
> *fue aquí funesto principio:*
> *una mujer sin ventura*
> *y un hombre de amor perdido.*

El final del romance es una preciosidad, queriendo explicar en pocos versos aquel extraordinario suceso, nada menos que la ruina de la España visigoda:

> *Florinda perdió su flor,*
> *el Rey padeció el castigo;*
> *ella dice que hubo fuerza,*
> *él que gusto consentido.*
> *Si dicen quién de los dos*
> *la mayor culpa ha tenido,*
> *digan los hombres: la Cava.*
> *Y las mujeres: Rodrigo.*

¿No es fantástico? De este modo tenéis contado en versos cuál fue aquel tremendo drama que el mismo poeta llama «*la perdición de España*».

Pues con la ayuda del conde don Julián, deseoso de vengar el honor ultrajado de su hija, o bien, y más probablemente, con la ayuda de los hijos de Witiza, afanosos de hacerse con el poder en España, Tarik pudo atravesar el Estrecho y presentar cara a las fuerzas del rey Rodrigo.

Porque ocurrió que, en cuanto Rodrigo tuvo noticia de aquel desembarco de sus enemigos, rápidamente reunió su ejército y acudió a toda prisa (¡ya lo sé! vosotros lo diríais de otra manera). Y ambos ejércitos libraron una tremenda batalla en las tierras cercanas a la laguna de la Janda y a las aguas del río Guadalete.

Si hemos de creer a las fuentes árabes, el ejército visigodo era muy superior al de los bereberes que mandaba Tarik. Pero tenía un punto débil: que en sus filas se mascaba la traición. Porque el rey Rodrigo, tan ciego estaba, que dio el mando de las alas de su ejército a los hijos de Witiza. Y en lo más recio de la pelea, los witizanos que desertan y se pasan al enemigo. Y aunque el rey Rodrigo luchó con valor, nada pudo hacer para evitar la derrota. Y él mismo (aunque también aquí la leyenda dice otra cosa), con la mayor parte de sus hombres, pereció en aquel combate.

De esa forma Tarik, ante su sorpresa, se encontró de la noche a la mañana con que nadie le ofrecía resistencia. Que podía avanzar y penetrar en España por donde quisiera. Y tomó Jerez y media Andalucía, y en pocas jornadas se plantó en Toledo, esto es, ante la misma capital del Reino visigodo, y se apoderó de ella, encontrando allí un

espléndido botín, y también algo en que coinciden la leyenda y la historia: hermosas mujeres.

Ya os podéis imaginar que cuando Muza supo la gran
fortuna de su subordinado, quiso participar al momento
de aquel fabuloso botín. De forma que él también pasó el
estrecho de Gibraltar y en esta ocasión con un buen golpe
de jinetes árabes, que era lo más lucido de su ejército.

Y le pasó lo mismo que a Tarik: toda España se le
rendía. Solo en algún sitio encontraba resistencia, como
en Mérida, que aguantó casi un año, o como en Murcia,
donde el conde Teodorico se mostró tan valiente que al fin
Muza pactó con él, dejándole aquel territorio como si
fuera un reino tributario (esto es, que le debía obediencia
y tributo). Pero, por lo demás, en una cabalgada impresionante, aquellos árabes penetraron por todas partes y
llegaron a los límites más recónditos de la España visi-

goda. A Zaragoza, por supuesto. Y también a Barcelona y a toda Cataluña. Incluso pasando los Pirineos y metiéndose tan adentro de Francia que llegaron al río Loira, donde, eso sí, tuvieron que vérselas con la fuerte caballería pesada de los francos, que los derrotó.

Pero volvamos a España. Lo que dejó a todos boquiabiertos fue que en el espacio de unos pocos años la España visigoda cayera en manos de los árabes. ¡Aquel arrogante Reino visigodo que había tenido reyes de tanto prestigio como Leovigildo y Recaredo! ¡Aquellos visigodos que habían entrado con tanta fuerza y vencido a la misma Roma!

Ahora parecían una sombra de sí mismos.

En el año 711 se producía la batalla de Guadalete. Siete años más tarde, los árabes se habían adueñado hasta de Gijón. Por lo tanto, en esos siete años habían cruzado España de sur a norte y la habían hecho suya.

Algo increíble. Algo impresionante.

Para los árabes, la gran victoria.

Para los cristianos, la gran derrota, la catástrofe; en suma, como dice el romancero, «la perdición de España».

Ahora bien, no todos los visigodos cayeron bajo el poder de los árabes: un grupo notable pudo refugiarse entre las montañas tan cerradas del norte de España: en Asturias. Y reorganizándose, empezaron a inquietar a los árabes que dominaban Gijón. De forma que el jefe de los árabes que allí residía, Munuza, decidió organizar una expedición de castigo que acabase con ese puñado de desesperados. Y les persiguió. En esa persecución llegó hasta las faldas de los Picos de Europa.

Era una zona abrupta, esto es, de muy difícil acceso entre montañas. De forma que cuando Munuza entró en combate contra aquellos visigodos que luchaban desesperados por sobrevivir, a los pies de una montaña cubierta de árboles, donde se hallaba una cueva que se llamaba Covadonga y que era su último refugio, Munuza lanzó contra ellos las flechas de sus arqueros y las piedras de sus honderos.

Y aquí es donde entra otra vez la leyenda, que nos cuenta que los visigodos, puestos bajo el amparo de la Virgen, consiguieron derrotar a los árabes, que vieron espantados cómo sus flechas rebotaban en las rocas y se volvían contra ellos.

Leyenda, por supuesto. Pero lo que sí fue cierto es que los árabes no lograron vencer a aquel puñado de visigodos mandados por un noble de nombre sonoro, Pelayo, y que se volvieron derrotados a Gijón.

Eso ocurría en el año 722.

Poco después los musulmanes abandonarían Asturias. Sería el comienzo de la recuperación de la España cristiana. El comienzo de la Reconquista.

Una Reconquista tan larga, tan larga que duraría casi ochocientos años.

El califato de Córdoba

Lo asombroso fue que aquella invasión, que venía del sur y que en tan poco espacio de tiempo conquistó España entera, fuera realizada por tan poca gente. Fijaos, apenas cuarenta mil soldados fueron los invasores. Y tres las oleadas: la primera, la de los africanos (los bereberes) que entraron con Tarik; la segunda, la de los árabes que llevó consigo Muza. Y una tercera de refuerzo que llegó nada menos que de la lejana Siria. Pero en total los sabios que saben de estas cosas nos dicen que no pasaron de los cuarenta mil en su conjunto.

¡Esto es increíble! Menos de cuarenta mil soldados dominando en siete años una España habitada por lo menos por cuatro millones, entre hispano-romanos y visigodos. Y eso teniendo que dejar guarniciones en las ciudades principales que iban conquistando: en Jerez como en Córdoba, en Sevilla como en Toledo, en Mérida como en Zaragoza.

Que eso es otra cosa asombrosa, si comparamos el flujo y el reflujo, la rapidez de la invasión con la lentitud de la reconquista que luego harían los cristianos. Los árabes, en siete años, devoraron España. Los cristianos tardaron más de siete siglos en recuperarla.

Estaba en pugna si España había de ser europea o africana, cristiana o musulmana. Como veis, la apuesta no era pequeña.

Así se puede comprender, también, que cuando Munuza salió de Gijón para combatir a Pelayo no iba con demasiados soldados. La mayoría de los árabes habían

quedado atrás. Y por otra parte, aunque fueran derrotados en Covadonga y aunque tuvieran que dejar poco después Asturias y la misma Galicia, ¿qué importancia tenía eso? ¿No se trataba de tierras frías y húmedas, donde con frecuencia no se veía el sol y donde siempre estaba lloviendo un día sí y el otro también? ¡Qué diferencia con Andalucía, donde el sol brilla todos los días! Incluso con Zaragoza y el valle medio del Ebro, donde en invierno puede hacer frío, pero el sol hace también su presencia.

En definitiva, que pronto, al cabo de medio siglo, los reyes astures, con Pelayo a la cabeza y después sus sucesores, fueron afirmándose en el norte, mientras en el sur los árabes se conformaban con afianzar su poderío, desde la opulenta Córdoba. Y en medio quedaría una tierra de nadie, una tierra para las incursiones de unos y otros, semidespoblada, casi desértica: el valle del Duero, esto es, lo que hoy conocemos como Castilla-León.

Eso ocurriría sobre todo a lo largo de los siglos VIII y IX, de manera que no por poco tiempo. Y mientras tanto, los árabes que tenían su capital en Córdoba fueron asegurando su poderío. No sin sus conflictos, sin sus guerras internas y sin sus complicaciones. Sobre todo, a Córdoba le calentaba la cabeza la soberbia con que se mostraban los toledanos, quienes se decían: «¿No fue Toledo la gran capital de la monarquía visigoda? ¿Por qué nos vamos a dejar dominar por esos cordobeses?». Así que Abderramán I, emir que se había proclamado independiente del califato de Bagdad, pensó que no había más solución que la mano dura.

Eso sí, con astucia. De forma que envió a un capitán enérgico para que en su nombre redujera a los toledanos.

¿Y cómo lo hizo? Nada de entrar a sangre y fuego. Sencillamente, invitó a centenares de toledanos a una gran fiesta en su castillo. Allí estaba lo mejor de la nobleza toledana. Entraron confiados y alegres esperando una jornada festiva.

Pero lo cierto es que jamás se supo de ellos.

De ese modo sangriento se acabó aquella terrible noche en Toledo. Así que ya sabéis lo que quieren decir los mayores cuando hablan, espantados, de que han pasado una noche toledana.

Abderramán I fue un aventurero con singular fortuna. Pertenecía a la familia árabe de los Omeyas, que en su tiempo había mandado en Damasco. Pero una rebelión en contra de su familia les despojó del poder, de la forma fulminante con que se las gastaban los árabes de aquellos tiempos: con la matanza de todos los Omeyas.

No de todos, porque algunos lograron escapar.

Y entre los huidos, allí estaba Abderramán, quien a trancas y barrancas logró llegar, a mediados del siglo VIII, a las costas de España. Y allí, haciendo valer el nombre de su familia, los Omeya, logró aliados y con habilidad acabó apoderándose de Córdoba.

Empezaba lo que los historiadores dan en llamar el Emirato independiente. ¿Qué quiere decir eso? Que el Emir ya no dependía del lejano Califato (que había pasado de Damasco a Bagdad), salvo en el aspecto religioso. El califa seguía siendo el jefe de todos los creyentes musulmanes, pero Abderramán I tenía todo el poder político de la España musulmana en sus manos. El momento más brillante de los Omeyas en España corresponde a la época de un sucesor suyo que gobierna a lo largo de la primera mitad del siglo X: Abderramán III. Además, este Abderramán se vio tan fuerte, tan poderoso, que incluso se atrevió a proclamarse Califa. Él y no otro era el jefe de todos los creyentes musulmanes; al menos, en el territorio que caía bajo su dominio: en España. Y eso comenzará en un año fácil de recordar, porque es un año capicúa: el 929.

Bajo Abderramán III el ejército tendrá una fuerza tan notable, con mercenarios que vienen de todas partes (cosa curiosa, hasta de la Europa Oriental, con los eslavos), que Abderramán III hará incursiones por todo el norte de España volviendo a tener bajo su control a ciudades tan lejanas como Zaragoza.

Pero no siempre las cosas le fueron bien. En una ocasión, en que se había atrevido a entrar en aquella tierra de nadie que era entonces Castilla, fue sorprendido por tropas cristianas a orillas del Pisuerga, cerca ya del Duero: en Simancas. La derrota fue tal que estuvo a punto de perder algo más que la batalla, su propia vida. Y tan escarmentado quedó que ya no volvió a calzarse las botas de guerrero, prefiriendo mandar a sus generales.

¡Claro! Eso parecía más seguro.

Pero Abderramán III no solo destacó por la fuerza de su ejército sino también por el esplendor que dio a Córdoba, la capital de su Califato.

Córdoba se convirtió, en aquel siglo X, en la ciudad más hermosa y en la Corte más brillante de toda Europa. Su población doblaba entonces la de París o la de Roma. Se hizo famosa por sus monumentos, en especial por su mezquita, tan grandiosa, que todavía si entráis hoy en ella os quedaréis asombrados: es tan grande que, al ver tantas columnas, y todas tan hermosas, os parece que estáis en un sitio fantástico, en un lugar de leyenda.

¡Qué contraste con la pequeña Corte que los reyes asturianos tenían en Oviedo! Baste comparar los edificios levantados por Ramiro I en el valle del monte Naranco a mediados del siglo IX: Santa María del Naranco y San Miguel de Lillo.

Eso sí, cuando vayáis a Oviedo no dejéis de hacer esa preciosa excursión. Cogéis la Carretera de los Monumentos y en un par de kilómetros podéis admirar ya, enseguida, Santa María del Naranco. Que es una preciosidad, pero que comparada con la mezquita de Córdoba asemeja más bien una capilla que una iglesia. De hecho, parece ser que fue construida como palacio veraniego para el rey astur.

Bajo el califato de un nieto de Abderramán III, Hixam II, llega Córdoba a su máximo poderío. Pero no tanto por influencia del Califa, que era un niño, sino porque aparece un guerrero terrible: Almanzor. Y tan terrible y tan feroz guerrero que año tras año llevará sus tropas sobre los pequeños reinos cristianos del norte de España, volviendo siempre con riquísimo botín. Llega con sus tropas hasta Barcelona, que entonces estaba bajo la protección del Imperio carolingio. Y, por supuesto, también a la otra parte del norte de España, nada menos que a Santiago de Compostela, un lugar que ya era santo para toda la Cristiandad. Pues bien, Almanzor no solo se contenta con tomarla por la fuerza, sino que incluso se llevaría las puertas y las campanas de su iglesia mayor para que adornasen la mezquita de Córdoba.

Era como el triunfo de la media luna, símbolo de los musulmanes, sobre la cruz de los cristianos.

Por lo tanto, un Califato de Córdoba tan fuerte y tan poderoso que se hizo famoso por toda la Cristiandad. De modo que hasta el emperador alemán Otón I decidió mandar una embajada a la lejana Corte de Córdoba.

Eso sí, como era un emperador cristiano, le pareció bien mandar a un sencillo fraile.

Y esto que os voy a contar es así, como un cuento, que recogen las crónicas musulmanas. Las cuales nos dicen que entonces Córdoba era la capital más refinada y más brillante de toda Europa, y que su califa, Abderramán III, era un hombre de generoso corazón. Y ocurrió, tal como nos cuentan esas crónicas, que cuando llegó a Córdoba el monje alemán mandado por Otón I y quiso entrar en la Corte del Califa, la gente de palacio le dijo que primero tenía que cumplir conforme a la etiqueta cortesana, la cual obligaba a que el fraile se despojara de su tosco hábito religioso (demasiado cargado de fuertes olores corporales, después de tan largo viaje sin mudarse jamás, conforme mandaban las normas de su Orden), y se pusiera ropas más limpias y más perfumadas. ¡Hasta tenía que darse un buen baño!

Indignación del buen fraile. ¿Cómo podía ser eso? ¿Cómo podía faltar a las normas seculares de su sagrada Orden? ¡Nada de baños! Antes prefería la muerte.

Y siguen diciendo las crónicas árabes que entonces el califa Abderramán III mostró bien su generoso corazón, admitiendo al buen fraile a su presencia tal como llegaba, sin necesidad de que baño alguno le despojase de sus fuertes olores.

Por último algo quiero deciros del Califato de Córdoba. No todo fue triunfo tras triunfo. También hubo serios conflictos interiores. E incluso alguna que otra derrota frente a los cristianos. Recordad la que antes os conté: la que sufrió Abderramán III en Simancas, por cierto, en otro año capicúa, el año 939. El mismo Almanzor, cuando regresaba del norte de España de la que sería su última expedición guerrera, también se vio sorprendido y derrotado en tierras de Soria, cuando apuntaba el siglo XI. Eso ocurrió en los campos de Calatañazor. Y de ahí el dicho popular, que no deja de ser gracioso:

En Calatañazor,
donde Almanzor
perdió su tambor.

Pero no creáis que todo fueron guerras y más guerras durante este Califato de Córdoba que vino a durar dos siglos. Porque también Córdoba brilló por las Artes y las Letras. Ya os he dicho cómo la mezquita de Córdoba fue alzada por aquellos califas y sigue siendo una de las obras de arte más notables que tenemos en España. Y si la veis, os quedaréis tan admirados que no me dejaréis por mentiroso.

Córdoba también fue famosa por sus poetas, cuyos poemas son auténticas joyas de la Literatura universal.

Y para que lo comprobéis, os voy a recordar este fragmento:

«La tiniebla ha comenzado a desanudar
sus trabas y el ejército de la noche se apresta
para dar la batalla a la aurora.
Los luceros huyen para dejar paso a las
Pléyades que son como sortijas que brillan
en los dedos de una mano escondida».

Tal escribió el poeta cordobés Ben Hani, de Elvira, en el siglo X.

Con lo cual quiero deciros algo muy importante: que no solo los guerreros, sino también los artistas y los poetas hicieron historia.

La gran historia que anima nuestras vidas.

Los comienzos de la Reconquista

El gran protagonismo de la Córdoba musulmana en esta Alta Edad Media no os debe hacer olvidar que en el norte de España comienzan ya a organizarse unos peque-

ños reinos cristianos que, a trancas y barrancas, van consolidándose, y lo que es más importante, van a estar en contacto con el resto de la Europa cristiana.

Esto es, forman parte desde el principio de la Cristiandad, que es tanto como decir de Europa. Os voy a dar un dato muy significativo, que mantiene su vigencia hasta nuestros mismos días: es en esta época cuando se inicia el Camino de Santiago, esa ruta de peregrinos que viniendo de todas partes de la Europa cristiana acuden a un escondido lugar de Galicia donde se ha descubierto la tumba en la que se da por supuesto que está enterrado el apóstol Santiago.

De esos núcleos cristianos voy a tratar ahora. Sobre todo de tres, como más importantes: el primero, el Reino asturiano fundado por Pelayo, después de la batalla de Covadonga, que al principio será el más activo. En un segundo lugar, lo que las crónicas de la época llaman la *Marca*, que se corresponde precisamente a la penetración en España del Imperio de Carlomagno y que fue fundada a fines del siglo VIII. Y en tercer lugar, ya como remate de esa Alta Edad Media hispana, la referencia al Reino de Navarra, donde surge un rey en el siglo XI tan importante que tomará el nombre de Sancho el Mayor y que tal fue su poderío que llega a dominar en la mayor parte de esa España cristiana.

Vayamos, por lo tanto, a contar algo respecto al Reino astur fundado por Pelayo; ya sabéis, Pelayo, el que venció en Covadonga a las tropas árabes mandadas por Munuza.

Sus sucesores no lo tuvieron nada fácil. Hubo luchas internas de los que aspiraban a controlar el nuevo poder. Con frecuencia, volvieron a aparecer los ejércitos musulmanes que, saliendo de Córdoba, llegaban hasta Asturias en busca de botín.

Fueron unos tiempos difíciles, revueltos y no demasiado bien conocidos. Los reyes se suceden unos a otros a los pocos años, tras cortos reinados.

No os voy a dar su lista, que sería tan engorrosa de aprender como la de los reyes visigodos; pero sí os hablaré de algunos. De uno, por su extraña muerte, y de otros dos, por su grandeza.

El primero Favila, el hijo de Pelayo, porque nos viene a demostrar lo rústica que era todavía la vida de aquellos monarcas astures, viviendo siempre entre montañas. Y así ocurrió que, según nos dicen las crónicas, Favila murió en el monte comido por un oso.

«¡Qué fuerte!». Me parece estar oyendo vuestro comentario. Pero poco a poco aquellos reyes fueron progresando y siendo menos montaraces. Ramiro I será el que construye a mediados del siglo IX ese lindo palacio en las faldas del monte Naranco del que antes os hablé; palacio transformado después en iglesia y que conocemos como Santa María del Naranco.

Pero los dos reyes asturianos verdaderamente importantes son los que llenan prácticamente todo el siglo IX: Alfonso II el Casto y Alfonso III el Magno. Su fuerte personalidad y su largo reinado les facilitaría su gran obra de reconquista; ayudados, eso sí, por el hecho de que todavía la Córdoba musulmana no ha llegado a su máximo esplendor, que como sabéis corresponde al siglo siguiente, el siglo X, con Abderamán III y Almanzor. Alfonso II es el que hace de Oviedo la capital de su reino. Sufre, es cierto, fuertes invasiones de los ejércitos musulmanes, pero en alguna ocasión, al menos, los rechaza de una manera rotunda; no pudo impedir que saquearan Oviedo, pero sorprendió a los árabes en su retirada cuando iban cargados de botín, y en unos montes cercanos a Cangas de Narcea, donde todavía se recuerda el hecho con el nombre de Llamas del Mouro, los derrotó y acabó con ellos; de tal forma que luego se llamarían aquellos campos «los de la matanza».

Por otra parte, Alfonso II no se limitó a rechazar al enemigo cordobés y a defenderse de sus ataques, sino que con frecuencia fue él quien llevó sus tropas contra el mundo musulmán volviendo cargado de riquezas. No con empresas de poca monta, pues incluso llegó una vez hasta la misma Lisboa. Y lo que es más notable, trajo algo más importante que riquezas de las tierras musulmanas; trajo también hombres, los mozárabes, esto es, los cristianos que vivían bajo mandato musulmán y que querían volver con el rey astur para vivir en una sociedad cristiana mandada por un monarca cristiano.

Y además fue en tiempos de Alfonso II el Casto cuando ocurrió ese suceso, verdaderamente legendario: de pronto llegó la noticia a la Corte del Rey de que en un apartado rincón de Galicia los lugareños habían descubierto una tumba que todos afirmaban que no podía ser otra sino la del apóstol Santiago.

¡La tumba del apóstol Santiago en España! De forma que España era la única en toda Europa, aparte de Italia, donde podía venerarse a uno de los doce apóstoles que habían conocido a Cristo. ¡Fantástico! Comprendiendo la importancia de aquel hecho, Alfonso II manda construir inmediatamente sobre aquella tumba una iglesia, así como un convento de frailes benedictinos.

Aquel era un lugar santo y como tal tenía que destacarse. Lo consiguió de tal manera que pronto surgió una aldea en torno a la iglesia, una aldea que no tardó en convertirse en una hermosa ciudad a la que, año tras año, acudirían peregrinos de toda Europa.

La ciudad se llamaría Santiago de Compostela. Y la ruta de los peregrinos «El Camino de Santiago».

De esa forma, de un modo indestructible ya, la España cristiana quedaría enlazada con el resto de la Cristiandad.

Y pronto se vería la importancia de aquella sombra protectora del Apóstol sobre la España cristiana. Precisamente el sucesor de Alfonso II, Ramiro I, el que había alzado el monumento de Santa María del Naranco, es también el que se ve metido en una tremenda batalla contra las tropas musulmanas. Y cuando más difícil y más dramática era su situación, las crónicas dicen que apareció la figura de Santiago, montado en un caballo blanco, animando a los agotados guerreros cristianos.

Sería la batalla de Clavijo, que daría lugar al voto de Santiago, esto es, a que el monarca cristiano pagase todos los años un tributo a la iglesia compostelana. ¡Tributo que todavía persiste!

Evidentemente, estamos ante una leyenda. Pero ante una leyenda que fue creída apasionadamente por aquellos cristianos. ¡El apóstol Santiago era su gran defensor! Por muy mal que se pusieran las cosas, la España cristiana se mantendría firme.

Por su parte, otro rey astur, Alfonso III el Magno, marcó durante su largo reinado una fuerte expansión hacia el sur. Ya las montañas asturianas no serían el baluarte defensivo. Alfonso III tendría una clara visión de cómo asegurar su reino y cómo agrandarlo. Fijaos bien: una serie de ciudades que bordean el Duero fueron fundadas y repobladas por él, como Zamora, Toro y Simancas.

Sin duda, la fundación de Zamora es la más destacada, haciendo de ella una de las ciudades más fuertes, con sus murallas asentadas sobre la ribera norte del río Duero que le sirve de foso.

Además, Alfonso III el Magno continuó esa labor repobladora con audaces incursiones en la España musulmana, trayendo para su reino, además de no pocas riquezas, muchos mozárabes, como lo había hecho su antepasado Alfonso II el Casto. Alfonso III terminaría la repoblación de la Galicia meridional, e incluso el territorio entre el Miño y el Duero, con plazas tan importantes como Braga y Oporto.

Cierto que sus sucesores bastante tuvieron con defenderse de las acometidas de los califas de Córdoba en el siglo X. Pero a la muerte de Almanzor, a principios del siglo XI, ya el Reino asturiano se ha desbordado por toda la meseta norte poniendo la capital del Reino en León, al tiempo que no muy lejos de ella surge Burgos y el condado de Castilla, que tanta importancia tendría en la Baja Edad Media.

Ahora bien, la gran figura de la primera mitad del siglo XI no es un rey asturiano o leonés, sino un rey navarro: el rey de Navarra Sancho el Mayor, bajo cuyo mandato

Navarra se convirtió en el centro político de toda España. Llegó a dominar los pequeños condados cristianos pirenaicos (Aragón, Sobrarbe y Ribagorza). Y también casi todo el País Vasco, con Álava y Vizcaya. Y asimismo Castilla e incluso León. De forma que pudo titularse con toda justicia «Rey de las Españas».

¡Esto es formidable! ¡Las Españas en plural!

Era una España renacida que surgía de las ruinas de aquella pérdida de España sufrida tres siglos antes.

Y aunque os he dejado para el final el hablaros de la *Marca hispánica* no creáis que eso sea por darle menos importancia. La *Marca hispánica* fue una fundación del propio Carlomagno, que de esa manera aseguraba su frontera sur, más allá de los Pirineos. Su centro sería Barcelona, la antigua *Barcino* romana. Y de ese modo aquella *Marca hispánica*, extendida sobre Cataluña, enlazaría tan fuertemente al territorio catalán con Francia que desde entonces puede afirmarse que esta región es la que tiene unos rasgos más europeos, bien reflejados en la propia capital, en la hermosa Barcelona.

Pero no penséis que aquellos tiempos fueron solo de batalla va y batalla viene. No. También ocurrieron otras cosas, y algunas muy importantes. Por ejemplo, cuando en pleno siglo X un fraile que vivía en Castilla, cansado de escribir en latín, añadió una oración en otra lengua distinta. ¿Y sabéis qué? Que esa era la que hablaba ya el pueblo de Castilla. El fraile la escribió en un documento que los sabios que saben de estas cosas llaman las *Glosas Emilianenses*. Prestad atención, porque una nueva lengua está naciendo, nada menos que el castellano, el español:

> *Con ayutorio de nuestro dueño, dueño Christo,*
> *dueño Salvatore...*

Es fantástico. La lengua española, hablada hoy por más de quinientos millones de personas en todo el mundo, iniciaba entonces su vuelo con esa sencilla ora-

ción escrita por aquel fraile anónimo que vivía en un rincón perdido de Castilla. Y el fraile lo hace como si pidiera
protección a los cielos.

En este caso, «con la ayuda de Cristo».

¿Os da el sueño? Bueno, pues lo dejamos para mañana.

ENTRE MOROS Y CRISTIANOS ANDA EL JUEGO

(La Baja Edad Media)

La Cristiandad avanza
y no hay quien la pare

A poco de la muerte de Almanzor, aquel feroz guerrero musulmán, que era el verdadero amo de Córdoba y que al frente de sus temibles ejércitos se atrevió a cruzar toda España, atacando lo mismo a Barcelona que a Santiago de Compostela, el califato cordobés perdió su fuerza. Córdoba, aquella brillante Corte de los califas hispanos, fue incapaz ya de dominar las diversas partes de su Monarquía. Se rompió. Y surgieron lo que los sabios que estudiaron aquel tiempo llamaron los Reinos de *taifas*.

¿Y por qué *taifas*? Porque esa palabra quiere decir en árabe algo así como porción, grupo o partido.

De ese modo en las principales ciudades del antiguo Califato cordobés surgieron reyezuelos. Así ocurrió en Sevilla como en Granada, en Toledo como en Zaragoza, en Mérida como en Cáceres.

Y ya sabéis lo que suele decirse: la división debilita.

Una debilidad que los Reinos cristianos del norte de España aprovecharon inmediatamente. A partir de ese momento, la marea cristiana fue incontenible, hasta el punto de que aquellos reyes que vivían en las montañas de Asturias o de los Pirineos y que apenas si se atrevían a salir de sus abruptos montes, que les servían de refugio, iban a cruzar la meseta, a franquear unos el río Duero, otros el río Ebro y, poco a poco, a penetrar en aquella España musulmana hasta llegar a las costas del Mediterráneo y hasta al mismo Cádiz, aquella Gades de los antiguos fenicios.

Pero no olvidéis esto: fue un avance incontenible, cierto, realizado a lo largo de muchos, muchos años. Básicamente entre los finales del siglo XI y mediados del siglo XIII; por lo tanto, durante casi doscientos años.

¿Y por qué tantos años, cuando ya los Reinos cristianos se mostraban cada vez más fuertes y los musulmanes cada vez más débiles? Porque en su desesperación, al verse tan dominados por los cristianos, los Reinos de taifas pidieron socorro a sus hermanos del norte de África. De esa forma, España se vio invadida por tres oleadas sucesivas de *bereberes* africanos: los *almorávides*, a fines del siglo XI; los *almohades*, a principios del siglo XIII, y los *benimerines*, entrado ya el siglo XIV.

Por otra parte los Reinos cristianos que se iban formando en el norte de España no siempre vivían en paz entre ellos. Al oeste se va formando el reino de Portugal, con Alfonso Enríquez desde principios del siglo XII; en el centro, estaba el más poderoso Reino cristiano con la unión de Castilla y León, herederos del Reino astur. Y en el este, bajando de los Pirineos hacia el Ebro y hacia la costa del levante mediterráneo, vemos a catalanes y aragoneses, formando la Corona de Aragón; sin olvidarnos del Reino de Navarra, que seguirá marcando su personalidad con intervenciones decisivas en este proceso histórico.

Al frente de aquellos reinos están algunos reyes verdaderamente importantes, de los que os voy a recordar unos pocos, ya veréis que merece la pena: el primero es

Alfonso VI de Castilla y León, que conquista Toledo; Alfonso I, al que llamaban «el Batallador», con lo cual ya os podéis imaginar cómo estaba siempre con las armas en la mano y que fue el rey aragonés que conquista Zaragoza y que se asoma por lo tanto al Ebro; Alfonso Enríquez, el portugués, que pocos años después conquista Lisboa. Y, en fin, los grandes reyes del siglo XIII que tanto en Castilla como en Aragón consiguen avances fulminantes sobre los reinos musulmanes, como lo hará Fernando III el Santo conquistando Córdoba en 1236 y, doce años después, la misma Sevilla. Y por esas fechas otro gran rey, en este caso en la Corona de Aragón, Jaime I el Conquistador, termina el año 1229 con una fiesta particular: asaltando las murallas de Palma de Mallorca y conquistando la ciudad. Y nueve años después, seguro de su poderío, ese mismo rey Jaime I lleva su ejército sobre Valencia, la hermosísima ciudad que riega el río Turia y la conquista.

Ahora bien, ya os podéis dar cuenta de que con tantas guerras y tantas conquistas hubo muchos hechos heroicos, pero también, en ocasiones, otros de forma un tanto oscura y novelesca.

Os voy a contar alguno de estos casos, como si se tratara de un cuento.

Ocurrió, pues, que hace muchos, muchos años, hubo un rey muy poderoso que se llamó Fernando I, el cual llegó a tener bajo su mando a tres Reinos: a Castilla, a León y a Galicia.

Pues bien, ese rey, como en los cuentos, tenía tres hijos: Sancho, Alfonso y García. Y dos hijas: Urraca y Elvira. Y como era tan poderoso, y quería tanto a sus hijos, pensó que podía dar a cada uno de los varones uno de sus Reinos. ¿No eran tres los Reinos y tres los hijos varones? Así que a Sancho, el mayor, le dejó Castilla; al segundo, Alfonso, León; y al tercero, García, Galicia. Y a las hijas no las dejó descalzas, porque les concedió el señorío de

todos los monasterios de aquellos Reinos, que como eran ricos a ellas también las hicieron ricas.

Pero ocurrió que aquellos hermanos no quedaron muy conformes. Ya sabéis eso de que las herencias, sobre todo cuando es mucho lo que hay que repartir, con frecuencia provocan conflictos. ¡Y hasta odios, aunque sea entre hermanos!

De ese modo, los dos hermanos mayores se pusieron de acuerdo para combatir a su hermano García y repartirse Galicia.

Ahora bien, como suele pasar en estos casos, poco después Sancho y Alfonso riñeron a su vez. Entraron en furioso combate. Sancho, que tenía la gran suerte de contar con el más formidable guerrero de aquellos tiempos (y uno de los más célebres e importantes que hubo en toda la historia de España), el Cid, el famoso Cid, logró con facilidad la victoria. Y de esa manera, Sancho se coronó rey en León, desterrando a su hermano Alfonso a Toledo, entonces en poder de los moros.

Pero ocurrió que la más fuerte ciudad del Reino de León, Zamora, no quiso reconocer a Sancho como su rey. La ciudad estaba gobernada por doña Urraca, mujer muy valiente y que era fiel a su hermano Alfonso. Así que Sancho no tuvo más remedio que cercar la ciudad. Y como Zamora era tan fuerte, con murallas tan altas, trató de vencerla por hambre, no dejando que entrase ningún alimento.

Sucedió que uno de sus defensores, desesperado, maquinó una acción contra el rey Sancho. ¿Y de qué modo? Saliendo una noche muy oscura de la ciudad, metiéndose sigilosamente en el campamento del rey Sancho hasta encontrar su tienda. Entonces entró por sorpresa y súbitamente le clavó su lanza y lo mató.

Sería un suceso cantado por los romances del tiempo. Se hablaría de traición, pero el hecho fue que a la muerte de Sancho, su hermano Alfonso se convirtió en rey de Castilla y León. Y con tanto poderío que a los pocos años pudo llevar todas sus fuerzas sobre Toledo, conquistándola y poniendo la frontera de su Reino en el Tajo.

Ya veréis lo que eso supuso, pero antes, para que os resulte más entretenido, os voy a citar aquí aquellas partes del Romancero en que se cantan estos sucesos:

Romance de la muerte del rey don Sancho

Sobre el muro de Zamora
vide un caballero erguido;
al real de los castellanos
decía con grande grito:
—¡Guarte, guarte, rey don Sancho,
no digas que no te aviso,
que del cerco de Zamora
un traidor había salido:
Vellido Dolfos se llama,
hijo de Dolfos Vellido,
si gran traidor fue su padre,
mayor traidor es el hijo;

cuatro traiciones ha hecho,
y con esta serán cinco!
Si te engaña, rey don Sancho,
no digas que no te aviso.

Y la gente murmuraba: ¿Habría tenido algo que ver el propio rey Alfonso en la muerte de su hermano don Sancho? De forma que los castellanos exigieron en Burgos que Alfonso jurase solemnemente que era inocente de todo aquello. Pero ¿quién se atrevería a pedirle tal juramento? Un hombre valiente, el mejor soldado: el Cid.

Y eso también lo canta el Romancero:

Romance de la jura en Santa Gadea

En Santa Gadea de Burgos
do juran los hijosdalgo,
allí toma juramento
el Cid al rey castellano,
sobre un cerrojo de hierro
y una ballesta de palo.

Las juras eran tan recias
que al buen rey ponen espanto.
—Villanos te maten, Rey,
villanos que no hidalgos;
con cuchillos cachicuernos
no con puñales dorados;
sáquente el corazón vivo,
por el derecho costado,
si no dices la verdad
de lo que te es preguntado:
si tú fuiste o consentiste
en la muerte de tu hermano.

El rey Alfonso juró, pero con gran enojo desterró al Cid:

—¡Vete de mis tierras, Cid,
mal caballero probado,

y no me entres más en ellas
desde este día en un año!

Ya podéis imaginar que el Cid, que con tanto valor se había mostrado, sabría responder al Rey. Y eso también lo recoge el Romancero:

—Que me place —dijo el Cid—,
que me place de buen grado,
por ser la primera cosa
que mandas en tu reinado.
Tú me destierras por uno,
yo me destierro por cuatro.

Así recoge el Romancero aquellos sucesos tan sonados.

Las hazañas del Cid

Hablemos pues del Cid, ese personaje de nuestro Romancero.

Hace unos mil años —¡fijaos en eso, mil años!—, por lo tanto hace mucho, mucho tiempo, nació en un pequeño lugar de Castilla la Vieja llamado Vivar un niño al que sus padres pondrían el sonoro nombre de Rodrigo. Y como su padre se llamaba Diego, todos le conocerían pronto por Rodrigo Díaz de Vivar. Y un poco más tarde también como Rodrigo el de las hazañas.

Y curiosamente los musulmanes, que no pocos eran sus amigos, por su valor, su nobleza y su generosidad, le llamarían Mio Cid, esto es, mi señor. De ahí que la Historia, y también la leyenda, acabarían por darle el nombre de Cid Campeador, que era como decir «el señor de las victorias». Alférez del rey don Sancho de Castilla, ya hemos visto cómo tras la muerte traidora de don Sancho en el cerco de Zamora, el Cid no dudó en pedir al nuevo rey Alfonso VI que jurase su inocencia.

Eso al Rey no le gustó. El resultado, un largo exilio que le obligó a salir de Castilla, llegando incluso a ponerse al servicio del rey moro de Zaragoza, que ya habéis visto que era su amigo.

Admirado por moros y cristianos, cuando los almorávides invaden España, poniéndola en tan grave peligro, el Cid no duda en luchar contra ellos. Incluso toma Valencia, y la defiende contra todo el poder del sultán almorávide Yusuf y en su defensa muere en el año 1099. Y es cuando se dice de él que ganó su última batalla después de muerto, pues según la leyenda, ante un ataque de los almorávides, sus fieles soldados metieron el cadáver del Cid en su armadura y lo ataron a un caballo, y de ese modo se presentaron con él en batalla frente a los africanos, quienes, espantados, se dieron a la fuga. Así era el Cid Campeador, el que en el campo de batalla era el mejor: el señor de las victorias. Tanta era su fama que hizo famosos también a su espada y su caballo. Su espada: la Tizona.

Su caballo: Babieca.

Se conservan pocos restos personales de aquel gran guerrero. Curiosamente uno lo podéis ver cuando visitéis Salamanca, en su Catedral nueva.

En efecto, en una de sus capillas se conserva el llamado «Cristo del Cid», que no es sino el crucifijo que llevaba el obispo de Valencia, llamado Jerónimo. Y ocurrió que cuando Valencia cayó en manos de los almorávides y Jerónimo perdió su obispado, Roma le mandó ir como obispo a Salamanca. El buen obispo allá se fue con todas su cosas, que no serían muchas, pero entre ellas llevando el crucifijo con el que había acompañado al Cid en sus batallas.

Ahora bien, las guerras pocas veces son buenas y obligan con frecuencia a actos crueles. El mismo Cid no fue del todo inocente porque en ocasiones, llevado de su afán imperioso de lograr la victoria, cometió actos crueles. Así, teniendo cercada a Valencia para rendirla por hambre, prohibió que nadie saliera de la ciudad, bajo pena de muerte. Y para que los sitiados lo tomaran en serio, hizo ejecutar implacablemente a los que lo intentaron.

¡Qué horror! Está claro: con el Cid no valían bromas.

Algo más sobre aquellos tiempos

En la Baja Edad Media, que duró más de trescientos años, hubo muchos otros personajes que nos asombran con sus hazañas: reyes y frailes, poetas y artistas. Reyes como Fernando III el Santo, el más poderoso de todo el siglo XIII. O como Alfonso X, otro rey castellano, su hijo, que además de publicar las leyes más justas para el buen gobierno de su Reino, tuvo tiempo para escribir hermosos poemas como las *Cantigas*. Y además como sabía tanto le acabaron llamando como se merecía: Alfonso X el Sabio.

Se me olvidaba deciros de qué forma tan curiosa nació el rey Fernando III. Que no creáis que nació en un palacio, en un cuarto preciosísimo y en una cama maravillosa. No. Nació en pleno descampado. Pues ocurrió que a su madre, doña Berenguela, yendo con su séquito de Zamora a Salamanca, estando embarazada, le vinieron de pronto los dolores del parto. No hubo más remedio que parar toda la comitiva a mitad del camino y buscar refugio en un monasterio que estaba en pleno monte. Y allí parió la Reina a su hijo, entre árboles y matas, con olor a tomillo, y puede que incluso asomando algún conejillo.

Todavía puede ver el viajero, en ese monte llamado Valparaíso, el pequeño monumento que recuerda aquel nacimiento tan novelesco.

Que un rey fuera santo, como san Fernando, es cosa muy rara, porque bien sabéis que la política y la santidad no se llevan demasiado bien; pero no lo es tanto que lo fuera un fraile, sobre todo cuando ese fraile dedica toda su vida a la gente que menos tiene, como en aquel siglo XIII lo haría santo Domingo de Guzmán, el español que fundaría nada menos que una Orden religiosa para atender a la gente desvalida de las ciudades: la Orden de los predicadores, que también conocemos como Orden Dominicana para recordar al santo que la fundó. Una Orden que se extendió por media Europa y, por supuesto, por Italia, donde santo Domingo de Guzmán moriría en la ciudad de Bolonia el año capicúa de 1221. Y los italianos le querían tanto que en su iglesia mandaron alzar una tumba preciosísima, adornada con los más hermosos angelotes de mármol que os podéis imaginar; uno de ellos obra del mejor escultor de todos los tiempos: Miguel Ángel Buonarroti.

Fueron también los tiempos en los que la España cristiana tuvo que enfrentarse al mayor peligro que le vino de África.

La gran batalla

Pues ocurrió que España se vio amenazada por una terrible invasión africana, la de los almohades, que eran un pueblo muy fuerte que había extendido su poderío por todo Marruecos. Los cuales, a miles y miles, pasaron el estrecho de Gibraltar y entraron en España, con sus tambores de guerra y sus lanzas en la mano, gritando desaforadamente que lo querían tomar todo.

El buen rey Alfonso VIII trató de luchar contra ellos en la batalla de Alarcos, cerca de Ciudad Real, pero fue humillado y derrotado.

La cosa se ponía tan fea que Alfonso VIII pidió auxilio a grandes voces a todos los reyes cristianos, y no solo de España sino de toda la Cristiandad. Era como una cruzada, había que luchar contra los enemigos de la cruz. Y vinieron no pocos cruzados del norte de Europa, en especial franceses, concentrándose en la primavera de ese año casi capicúa del 1212, en la Vega de Toledo. Pero como tenían que esperar al verano para entrar en batalla, se entretuvieron los muy brutos matando judíos. Y eso no les gustó nada a los españoles, de manera que les mandaron que se volvieran con viento fresco a sus tierras.

Los que sí llegaron a luchar, y muy seriamente, fueron los castellanos y los aragoneses, y además los navarros mandados por sus reyes respectivos: Alfonso VIII de Castilla, Pedro II de Aragón y Sancho VII el Fuerte de Navarra. Y todos juntos cabalgaron hacia el sur para presentar batalla a los fieros almohades.

Al fin los encontraron en las Navas de Tolosa, en esos pasos de Sierra Morena que comunican la Meseta con Andalucía.

Fue una jornada terrible. Se luchó de la mañana a la noche con todo furor. A veces parecía que iban a vencer los africanos y otras que se imponían los cristianos.

Al fin, Sancho VII de Navarra, no en vano llamado «el Fuerte», cargó con tanta fuerza contra el corazón del ejér-

cito almohade que logró llegar hasta la misma tienda del Sultán, que estaba defendida con fuertes cadenas. Pero nada importó. La espada del Rey rompió aquellas cadenas con tanta fuerza que puso en fuga al sultán (al que las crónicas cristianas llaman Miramamolín) y a los suyos.

Y tan orgulloso quedaría el rey Sancho de su hazaña que desde entonces el escudo de Navarra llevaría el signo de las cadenas como recuerdo de aquella gran victoria.

Pues verdaderamente aquella batalla fue muy importante. A partir de entonces la balanza se inclinaría decisivamente a favor de la España cristiana en contra de la musulmana.

Ya antes se habían conseguido avances notables, pues como os dije, Alfonso el Batallador de Aragón había llegado al Ebro, conquistando Zaragoza en 1118. Sesenta años después Alfonso VIII conquistaría el Reino de Cuenca. Pero fue sobre todo partir de las Navas de Tolosa cuando la marea cristiana entró incontenible en la Andalucía musulmana.

Al aire de aquellas grandes victorias la paz pudo reinar al norte del Tajo y en toda Castilla. Y floreció el arte, principalmente la gran arquitectura religiosa, con fantásticas catedrales románicas y góticas. Así que cuando vayáis a Santiago de Compostela, a León, a Burgos, a Salamanca o a Toledo y os quedéis asombrados y maravillados viendo sus fantásticas catedrales, recordad que los hombres que las levantaron lo hicieron en aquellos siglos de la Edad Media.

Yo os invito, sobre todo, a que entréis conmigo en la catedral de Santiago de Compostela.

Es una mañana radiante. Hemos hecho un largo camino, como peregrinos (o, si queréis, como santiagueros). Hemos recorrido en duras jornadas el camino de Santiago desde la misma raya de Francia, desde la colegiata de Roncesvalles, al pie de los Pirineos, cantada por el Romancero. Y al fin, después de atravesar toda Navarra y las llanuras sin límites de Castilla y de León, nos hemos adentrado por los montes abruptos que casi nos cierran el paso entre el Bierzo y Galicia, hemos llegado a lugares humildes y perdidos como Triacastela, hemos atravesado los hermosísimos verdes valles de Galicia y al fin una mañana nos hemos encontrado ante la catedral de Santiago de Compostela.

Hemos entrado en la catedral. Hemos admirado el Pórtico de la Gloria, con las estatuas de los santos apóstoles que parecen conversar en voz baja. Hemos visto la estatua del maestro Mateo, a quien se atribuye la obra. Y, sobre todo, nos hemos adentrado por las naves del hermoso templo, gozando de su penumbra y de su aire religioso, casi místico.

O bien, en otra tarde luminosa nos hemos ido hasta León. Y al entrar en su catedral nos hemos quedado fascinados por la luz del sol del ocaso que parece que incendia todo su interior, penetrando a través de sus maravillosas vidrieras.

Por lo tanto, también los artistas trabajando. Porque no creáis que todo fueron luchas a muerte entre moros y cristianos. Lo cierto es que con frecuencia unos y otros se mostraban más amigos que enemigos. Ya habéis visto que el mismo Cid luchó a favor del rey moro de Zaragoza en contra de sus enemigos. Aún más curiosa y excitante fue la vida de ese rey de Navarra, Sancho el Fuerte, quien en su juventud, como si se tratara de una gran aventura, incitado por sus afanes de ver cosas nuevas y vivir nuevas emociones, dejó Navarra, cabalgó a través de toda España, embarcó al llegar al Estrecho y pasó a Marruecos llegando hasta la Corte del sultán almohade Muhammad-Al-Nasir. ¿Se puede creer? El rey Sancho cruzando España entera a caballo, con alguno de los suyos: de Pamplona hasta Estella, de la Rioja a Castilla la Nueva, pasando el Tajo por Toledo, franqueando Sierra Morena por Despeñaperros, albergándose en las maravillosas ciudades de la Andalucía musulmana como Córdoba o Sevilla. Y todo ello sin tener tropiezo alguno, para embarcar en una navecilla y alcanzar África por Tánger o por Ceuta, cada vez más entusiasmado por la misteriosa África que se abre ante él, se interna por el corazón del imperio almohade, alcanzando al fin la corte del sultán Muhammad.

¿Qué movió al rey navarro, tan cristiano, a tan azaroso viaje? La leyenda nos lo dice: la soberbia belleza de la hija del sultán, que encadenó al rey navarro durante cerca de dos años con un frenético amorío.

El mismo rey que pocos años después ganaría con su espada la batalla de las Navas de Tolosa.

¡Fantástico! Una vez más Navarra en la lucha por España.

Y eso no es leyenda. Eso, queridos amigos, es pura historia.

De reyes, y también de santos, de papas y de poetas

Lo primero que quiero deciros, amigos míos, es que ya os podéis imaginar que a lo largo de tantos siglos y estando dividida España en tantos Reinos tuvo que haber, y los hubo, un montón de reyes. Tantos que solo la lista de sus nombres marea. Y como tenían la manía de repetirse, se veían obligados a ponerse un número detrás para no armarse líos. Fijaos: en Castilla hubo hasta once Alfonsos. Precisamente, el último, Alfonso XI, fue el que venció a los africanos benimerines, cuando se atrevieron a invadir España en 1340. Y Pedros también hubo un montón. Y claro, el gran follón era cuando coincidían los nombres y los números en un mismo siglo, dado que había varios Reinos. Eso no es una suposición. Fue una realidad. No tenéis más que recordar que el padre de Isabel la Católica (de la que tendremos que hablar y no poco) se llamaba Juan II. Y también el padre de su marido Fernando. De modo que, ¡otro Juan II a mediados del siglo XV! Así que no basta con que digamos el nombre y el número. También hay que añadir el Reino para salir del lío: Juan II de Castilla, que no hay que confundir con Juan II de Aragón. El de Castilla fue el que tuvo como hombre de confianza a un noble muy famoso en su tiempo: don Álvaro de Luna. Sin él, Juan II no sabía hacer nada. Y eso hasta tal punto que cuando enviudó de su primera mujer, le pareció bien casarse con la princesa que le presentó don Álvaro. Era una princesa guapísima, de nombre Isabel, que don Álvaro había conocido en Portugal. Pero como los reyes son los reyes y en aquellos tiempos hacían lo que les daba la gana, Juan II se acabó enfadando con don Álvaro de Luna. ¿Y qué ocurrió? Nada de eso como: «No te hablo más», o pequeñeces por el estilo. Lo mandó degollar en una plaza de Valladolid. Así, por las buenas.

Tampoco fue muy afortunado Juan II de Aragón, pues se le rebeló nada menos que su propio hijo don Carlos, el príncipe de Viana. ¡Y tuvo que luchar con él con las armas en la mano! Menos mal que le salió otro hijo mucho mejor y que le quiso más, Fernando; un príncipe de Aragón que sería tan importante que acabaría casándose con Isabel de Castilla, logrando así la gran unidad de España.

Ya habéis visto cómo después de la gran victoria de las Navas de Tolosa, contra los almohades, los reyes de Castilla acabaron conquistando todo el sur de la España musulmana, salvo el Reino de Granada.

Pues bien, los reyes de la Corona de Aragón tampoco perderían el tiempo. En primer lugar, Jaime I, el Conquistador, no solo se apoderaría de las islas Baleares y de la gran ciudad de Valencia, sino que abriría el camino para que sus sucesores lanzaran sus naves y sus soldados por todo el Mediterráneo Occidental, apoderándose de Cerdeña como de Sicilia. Incluso se hicieron dueños del preciosísimo Reino de Nápoles, donde Alfonso V, llamado «el Magnánimo», por su grandeza, tendría una de las más brillantes Cortes de la Italia renacentista.

La expansión de los catalanes por el Mediterráneo sería tan notable que incluso llegarían hasta la misma Constantinopla, a principios del siglo XIV, para defenderla contra el Turco.

¡Ahí es nada! ¡Constantinopla a la vista!

Pero ocurrió que el Emperador de Bizancio, señor de Constantinopla, una vez pasado el peligro, abandonó a su suerte a los valientes catalanes que tanto habían hecho a su favor. Y no pocos de ellos incluso recibieron la muerte. Como os podéis imaginar, aquellos bravos catalanes llevarían mal tamaña traición. Combatirían contra el Emperador de un modo feroz, y tanto, que las historias hablarían ya, desde entonces, de la venganza catalana.

Y eso ocurrió a más de dos mil kilómetros de Cataluña, en el otro rincón del Mediterráneo, cuando navegar entre Barcelona y las costas griegas llevaba meses enteros en aquellas frágiles naves, expuestas a tantos peligros de las tormentas marinas.

Se me olvidaba contaros que en aquella Baja Edad Media, en la que ocurrieron tantas cosas, se dio un caso verdaderamente sorprendente: el Cisma de Occidente.

Sucedió que en Roma eligieron un Papa mientras que, en Francia, un grupo de cardenales descontentos eligió otro distinto. El lío fue tan monumental que hubo hasta tres papas a la vez. ¿Os podéis imaginar qué grandísimo follón? Pues bien, aquí viene lo bueno: uno de aquellos papas era un español, Pedro de Luna (por eso le llamaron «el Papa Luna»), que murió solo y olvidado en Peñíscola.

¿Y sabéis qué? Aunque es cierto que fueron tiempos de estupendas aventuras, de guerras, y de conquistas, y de papas despistados, hay que recordar que también hubo sabios, como aquel rey Alfonso X de Castilla que ya conocéis. Y santos, como san Vicente Ferrer, el que logró un verdadero milagro: que dos pueblos en conflicto y que estaban punto de declararse la guerra, acabaran llegando a una solución pacífica.

Tal ocurrió en 1412 con el llamado *Compromiso de Caspe*, que vino a solucionar la sucesión de la Corona de Aragón sin llegar a las armas, poniendo aquella Corona en la cabeza de Fernando I de Antequera.

Pero también hubo poetas, y de los más inspirados, tanto en Castilla como en Galicia y en Cataluña. Y no nos olvidemos de aquellos otros de los Reinos musulmanes andaluces, donde hasta un rey, Mutamid de Sevilla, escribiría a fines del siglo XI poemas inspiradísimos, como este que empezaba así:

> *En verdad bebí vino que derramaba su resplandor, mientras la noche desplegaba el manto de las tinieblas...*

Y aquí es cuando tenemos que hablar de algo muy importante: las primeras manifestaciones literarias en lengua española. Aparecen allá por el siglo XII, con el *Poema de Mio Cid*, un cantar guerrero lleno de vigor y fuerza. Doscientos años después, el marqués de Santillana escribe estos versos tan lindos que hasta os los podéis aprender de memoria:

Moza tan fermosa
non vi en la frontera,
como una vaquera
de la Finojosa.

El marqués-poeta, haciendo su travesía por la montaña, medio vencido por el sueño, se despierta de pronto porque tiene ante sí la más poética visión en plena campiña.

En un verde prado
de rosas y flores,
guardando ganado
con otros pastores,
la vi tan graciosa
que apenas creyera
que fuese vaquera
de la Finojosa.

El marqués, deslumbrado, ardiendo de amores, trata de conquistar a la vaquera y la llama:

Donosa
(por saber quién era),
¿dónde es la vaquera
de la Finojosa?

Solo que la linda vaquera, que era muy lista, supo bien contestarle, burlándose del rendido marqués que le solicitaba de amores:

> *Bien vengáis*
> *que ya bien entiendo*
> *lo que demandáis;*
> *non es deseosa*
> *de amar, ni lo espera*
> *aquesa vaquera*
> *de la Finojosa.*

Fue por aquellos mismos tiempos cuando brilló en España la hermosa lengua catalana, que resplandece en los versos de Ausias March (1397-1459), como en los siguientes:

> *Amor, de vós yo'n sent més que no'n sé,*
> *de què la part pijor me'n romandrà;*
> *e de vós sab lo qui sens vós está.*
> *A joch de daus vos acompararé...*

Y algo os quiero decir: que os deis cuenta de que en España tenemos la suerte de que haya varias lenguas, y no solo la castellana, en este caso tan hermosa como la catalana.

Ahora bien, si queréis de veras meteros de lleno en aquellos siglos, evocarlos, vivirlos desde esas tierras de la Corona de Aragón, nada como penetrar en la catedral de Palma de Mallorca, que se alza sobre el mar para tener la doble visión: la de la preciosa catedral en su interior, con la luz filtrada a través de sus grandes rosetones, y con la vista impresionante a su salida de la Bahía de Palma, que se abre a ese mar Mediterráneo por donde catalanes y aragoneses lograron tantas y tan grandes hazañas.

Que así es de hermosa toda España y digna de ser conocida, querida y admirada en todos sus rincones.

¡Pero qué cabeza tengo! Se me olvidaba deciros casi lo más importante: que aquellos reyes ya no gobernaban solos a su capricho, sino que tenían que contar con unas Cortes. Es verdad que aquellas Cortes no representaban a todo el pueblo, sino sobre todo a las ciudades más importantes; de modo que los campesinos quedaban fuera de juego. ¡Y eso que eran la inmensa mayoría de toda la población! Lo cual os lo quiero decir para que os deis cuenta de que la verdadera democracia tardaría mucho en llegar.

¡Ah! Y también se me olvidaba deciros algo muy chocante: cómo vivía la gente en aquella época. De entrada, eran mucho más afortunados los que vivían en las ciudades, porque el campo estaba muy atrasado. Aun así, unos y otros tenían que soportar grandes miserias. Las mujeres tenían que lavar la ropa en el río o arroyo más cercano. ¡Y eso tanto en verano como en invierno, aunque tuvieran que romper en los meses más fríos el agua helada con una piedra!

¿Y el vestido? Solo los muy poderosos vestían bien. El pueblo tenía que contentarse con ir como pudiera. ¡Cómo sería la cosa que estaban muy contentos cuando podían comprar ropa usada a los ropavejeros! Y fijaos en esa palabra: ropavejeros, claro, los que comerciaban con ropa vieja.

Luego estaba la higiene. Ahí sí que las cosas andaban mal. De entrada, las camas estaban llenas de chinches y de pulgas, y la mayor parte de la gente no se podía librar de los piojos; así que ¡venga de rascarse y rascarse!

Y no digamos nada cuando alguien tenía que ir al dentista, que entonces no se llamaba así sino *sacamuelas;* con lo cual ya os podéis imaginar que las sacaban a lo burro, sin anestesia alguna. De forma que cuando llegaba un sacamuelas a cualquier pueblo, los muchachos acudían regocijados para contemplar la escena: cómo sufrían los pobres pacientes, a los que había que sujetar entre dos mozos para que se estuvieran quietos. Y aun así, pateaban de lo lindo, para diversión de la chiquillería. Y no os vayáis a creer que me lo estoy inventando, porque esta escena, que aquí mismo os ha pintado Jvlivs, está también recogida en los dibujos de la época.

Con lo dicho ya os podéis imaginar que no es verdad eso de que cualquier tiempo pasado fue mejor.

En todo caso, lo que viene ahora es estupendo: nada menos que contaros cómo España se convirtió en la nación más poderosa de su tiempo. Es lo que los historiadores llaman la España Imperial. Qué bien suena, ¿verdad?

Pues hasta mañana, amigos míos, que mañana tenemos mucha tela que cortar.

¡TOMA! LLEGA COLÓN Y DESCUBRIMOS AMÉRICA

(La España Imperial)

La época de los Reyes Católicos

Los comienzos

Ahora, amigos míos, sí que os debéis sujetar fuerte en vuestros asientos, porque se nos viene encima una época tan movida —trepidante, diría yo— que os va a dejar turulatos.

De entrada, nos encontramos con una bonita historia: dos jóvenes príncipes que eran primos, Isabel y Fernando, se enamoran y deciden casarse afrontando la cólera del hermano de Isabel. Lo malo es que ese hermano era nada menos que Enrique IV, rey de Castilla.

Fernando, por su parte, era príncipe de Aragón y vivía en Barcelona. Y ahora viene lo estupendo: los dos primos empezaron a escribirse. Y como la Princesa estaba tan triste y tan sola y se sabía que el Rey la quería casar a su antojo, se sentía muy abandonada. Así que el príncipe Fernando pensó en una preciosa aventura: ¿Por qué no salvar a su prima? ¿Por qué no casarse con ella? De modo que le mandó un mensaje contándole su plan.

Y tuvieron suerte los dos, porque el rey Enrique, aunque estaba muy vigilante, no se enteró de nada.

Al contrario. Se marchó tan tranquilo de su palacio, eso sí, dando órdenes de que se vigilara a su hermana Isabel.

Pero la Princesa era muy lista. Aprovechó la marcha de su hermano para escaparse, burlando a sus guardianes. Y no paró hasta llegar a Valladolid, donde tenía amigos poderosos. Entonces mandó un correo a todo galope a su primo Fernando para que se reuniera con ella.

Había un peligro. ¿Cómo pasar la frontera, tan vigilada por las guardias del rey Enrique? Fernando ideó un plan: disfrazarse de criado de unos comerciantes que iban a Castilla.

¡Todo un príncipe vestido de mala manera, casi con harapos, para que nadie lo reconociera! Pues de ese modo llegó a Valladolid, para acudir al palacio donde le esperaba su prima la princesa Isabel.

Isabel era muy guapa y Fernando un buen mozo, de modo que cuando los príncipes se vieron, se enamoraron.

¿No es estupendo? Claro que el Rey, cuando se enteró de que se habían casado, cogió un gran enfado; pero lo hecho, hecho estaba y tuvo que aceptarlo.

Ya podéis suponer que la cosa no fue muy sencilla. Hubo sus dimes y diretes, pero cuando murió Enrique IV, Isabel, que se hallaba en Segovia, se hizo proclamar reina de Castilla.

Empezaba uno de los reinados más importantes de la historia de España.

La Guerra de Sucesión

Isabel, que era muy valiente, hubiera querido empezar de inmediato a guerrear contra el Reino musulmán de Granada. ¡Quería ser la reina que acabase la Reconquista! Pero surgió un contratiempo, pues Enrique IV al morir había dejado una hija llamada Juana. Y sus partidarios protestaron: ¡Juana debía ser la verdadera reina de Castilla, y no Isabel!

De modo que hubo guerra y muy feroz.

Hasta tal punto que Fernando, que era muy valiente, tuvo que sacar su espada para combatir a los partidarios de Juana.

¿Y qué ocurrió? Que como era tan novato, a las primeras de cambio sufrió una derrota. ¡Gran enfado de la reina Isabel! ¿Es que su hombre era incapaz de salvarla de sus enemigos? Y lo cierto fue que Fernando aprendió bien la lección, organizó mejor sus tropas y en la segunda batalla logró ya una gran victoria. ¿Dónde? En la vega de Toro. Desde entonces, Isabel podía estar segura: ella era la nueva reina de Castilla.

Pasaron algunos años. De repente llegó una noticia a la Corte: el rey musulmán de Granada se había atrevido a tomar por la fuerza una villa cristiana: Zahara.

Eso no lo consentiría la Reina.

De tal modo, que a los pocos meses las tropas cristianas tomaban al asalto la fuerte villa de Alhama, con gran pesar del sultán Muley Hacén.

Estaba en marcha la gran guerra que diez años más tarde terminaría con la conquista de Granada.

Al fin, Granada

Un clima de patriotismo se extendió por toda la España cristiana. ¿España iba a ser africana o europea, cristiana o musulmana? ¡Había que luchar! Y con todas las fuerzas. De modo que Fernando se calzó las botas de soldado e Isabel movilizó la retaguardia. ¡Todos a combatir!

Y así fueron tomando, año tras año, las principales ciudades musulmanas. En el año 1491 ya solo le quedaba al sultán Boabdil su capital: Granada.

Ahora bien, las otras ciudades del Reino musulmán habían sido conquistadas al asalto. Pero Granada era demasiado hermosa y había que conquistarla sin merma de su gran belleza.

¿De qué forma? Pues cercándola rigurosamente, para que al fin se rindiera por hambre.

Y lo consiguieron: Boabdil mandó sus mensajeros: rendía Granada a los Reyes Católicos.

Y de ese modo se oyó al fin el ansiado pregón:

«¡Castilla, Castilla! ¡Granada por Castilla!»

Era el 2 de enero de 1492.

La Reconquista había concluido.

Una fecha y un acontecimiento para ser recordados.

La cruel Inquisición

Pero no todo fueron maravillas. No todo fiestas y regocijos. No todo grandes victorias y conquistas.

También hubo momentos difíciles.

Hasta llegó a correr la sangre. ¡Y de qué modo!

Pues fue entonces cuando los Reyes Católicos crearon la terrible Inquisición, para vigilar a los judíos que se habían convertido al cristianismo *(los conversos)*, porque temían que volvieran al judaísmo.

Y esa era una terrible herejía a la que llamaban judaizar. Y contra ella actuó la Inquisición de forma implacable. Hasta con la más terrible condena: la muerte. Pero no la muerte de cualquier manera, sino en la hoguera.

Algo verdaderamente horroroso.

No se trató de unos cuantos, ni de unos centenares, sino de miles. Muchos de ellos acusados por penas ridículas, como por comer carne en día de Cuaresma. Así le ocurrió a María la Pampana, una conversa acusada de judaizar. Y la sentencia decía:

> *Item, que comió carne toda la Cuaresma. Especialmente se guisó una gallina.*

¡De modo que por comer una gallina en Cuaresma fue quemada viva la pobre María la Pampana! ¡¡Qué horror!!

Tal ocurrió en Ciudad Real en 1484.

Pero hubo más. Como aquello parecía no tener fin, los Reyes Católicos decidieron la expulsión de los judíos; eso sí, dándoles una alternativa: o conversión o expulsión.

Y algunos se convirtieron, pero muchos otros prefirieron la expulsión.

Lo cual suponía un drama tremendo: dejar sus hogares y los pueblos que les habían visto nacer.

Tal ocurrió en el verano de 1492, el mismo año en el que había sido conquistada Granada.

Un espectáculo muy triste.

Estamos ante una de las páginas más penosas de la historia de España.

¡Toma! Llega Colón y descubrimos América

En 1485 un marinero llega al convento franciscano de La Rábida, cerca de Huelva. No va solo. Lleva un niño de la mano.

El marinero se llama Cristóbal Colón. El niño, Diego.

Aquel hombre con aspecto extranjero pide refugio a los frailes. También les pide pan y agua para su hijo.

Y aquellos frailes, conmovidos, le darán algo más que agua y pan. Lo acogen entre sus muros y hasta escuchan sus penas.

Porque aquel extranjero tiene una estupenda noticia, un plan fantástico, una especie de sueño fabuloso: él es un marinero y lo que quiere es que alguien le dé un barco para hacer el más fantástico de los viajes.

Nada menos que lanzarse hacia poniente, para surcar las aguas del Mar Tenebroso y llegar a las Indias Orientales siempre caminando según la caída del sol.

Pues bien, con la ayuda de aquellos frailes Colón consigue llegar a la Corte. Allí pide ayuda a los mismos Reyes.

Lo malo es que Isabel y Fernando estaban metidos de lleno en la guerra de Granada.

Así que Colón tuvo que esperar su hora.

Y esa hora pareció llegar cuando el 2 de enero de 1492 Fernando e Isabel se proclamaron señores de la ciudad de Granada.

Los Reyes tenían las manos libres para otras empresas. Y entre ellas, la primera apoyar el fantástico plan de aquel marino desconocido que no dejaba de incordiarles con su petición: unas carabelas con las que poner rumbo al misterio, penetrando en el Atlántico.

Y de ese modo comenzó la gran aventura.

La primera parte del viaje sería conocida: era la ruta que llevaba a las islas Canarias. Lo emocionante empezó cuando Colón salió del puertecito de San Sebastián de la Gomera, camino ya de lo desconocido.

Al principio las naves no avanzaron demasiado: el primer día casi nada, apenas unas leguas. Pero de pronto aquellas carabelas de nombres tan famosos (*La Santa María*, *La Pinta*, y *La Niña*) se encontraron con los vientos alisios que empujaban hacia poniente. ¡Y de qué manera!

El primer día llegaron a navegar hasta sesenta leguas, esto es, más de trescientos kilómetros.

¿No era formidable?

Lo malo fue que hubo otros días de tanta calma que hasta los marinos pudieron bañarse en aquellas aguas tan cálidas y tranquilas.

Pero llegó un momento en que los ánimos empezaron a encogerse. Por mucho que navegaban día tras día solo veían mar y mar. No aparecía tierra alguna y los alimentos y el agua empezaban a escasear. De pronto estalló el motín. Aquellos marinos querían volver a España, llegando a amenazar a Colón con arrojarlo al mar.

Al fin, cuando todo parecía perdido, un marinero (Rodrigo de Triana) lanzó la tan deseada voz:

«¡Tierra a la vista!»

Amanecía el día 12 de octubre de 1492.

La gran aventura estaba cumplida.

Aquel puñado de valientes, con Colón a su frente, había logrado la gran hazaña: el descubrimiento de América.

La conquista de Nápoles

¡**E**s formidable! Los Reyes Católicos no se contentan con la conquista de Granada y con la gran hazaña de apoyar el descubrimiento de América sino que proyectan, por aquellos años, la expansión por el Mediterráneo, y nada menos que con la conquista de todo un Reino: Nápoles.

Un Reino tan hermoso que también era codiciado por los franceses, de forma que al principio se llegó a un acuerdo para repartirse el Reino entre unos y otros. Pero pronto se comprobó que tanto franceses como españoles lo querían todo.

Estaba en juego el predominio en la Europa Occidental. Y Fernando e Isabel se encontraban tan poderosos que decidieron que tenían que ir a por todas. El único problema es que Fernando el Católico ya iba siendo mayor. ¡Ya le costaba trabajo calzarse las botas de soldado! Por lo tanto, hacía falta encontrar una espada, pero una buena espada, que hiciese por él lo que tanto deseaba: la conquista completa del Reino de Nápoles.

Fernando la encontró; nada menos que la espada de un soldado tan importante, tan valiente y tan listo que ninguno de su tiempo podía medirse con él: Gonzalo Fernández de Córdoba. Y como demostró muy pronto que era el mejor, ya en su tiempo todos le conocían como el Gran Capitán.

De ese modo, después de batallas emocionantes donde los españoles arrollaron a los franceses, el Gran Capitán se apoderó de todo el Reino de Nápoles.

Los Reyes Católicos habían vencido a Francia. España se había convertido en la primera potencia de la Cristiandad.

Comenzaba el despegue de la España Imperial con un instrumento bélico de primer orden: los tercios viejos, la mejor infantería de toda la Cristiandad que iba a imponer su ley en Europa a lo largo de todo el siglo.

Acaba el reinado más glorioso

Pero no todo fueron triunfos y maravillas. A los Reyes se les echaron de pronto unos años terribles, con la muerte de seres muy queridos: sus hijos.

Comenzó todo con la pérdida del príncipe don Juan.

Y no sería el único. Cuando la Reina todavía lloraba la muerte de aquel hijo suyo tan querido, «su ángel», otra desgracia le fue anunciada: su hija primogénita, Isabel, la que estaba casada con el rey de Portugal, había dado a luz un hijo muy hermoso, pero no había soportado el parto.

Muerte sobre muerte. ¡Qué dolor!

Los Reyes parecieron consolarse con el nieto que les había dado la princesa Isabel: el príncipe don Miguel. Y lo llevaron con ellos a todas partes: a Zaragoza, a Cataluña y también a Andalucía.

Y fue en Granada donde el príncipe don Miguel, el que parecía la esperanza de España, moriría en el año con el que acababa el siglo.

La reina Isabel no hacía más que llorar y llorar. Tantas penas la iban consumiendo.

Y tanto que el 26 de noviembre de 1504 moría en Medina del Campo.

El rey Fernando tendría el gran lamento:

> *«¡Se me murió mi esposa tan querida, la Reina que tanto amaba!»*

Pero como era un rey poderoso y siempre deseando más gloria y más victorias, pronto se consoló.

Hasta se casó de nuevo, ¿qué os parece? Y lo hizo con una princesa muy joven: Germana de Foix.

Eso sí, siguió mandando sus tropas victoriosas a nuevas conquistas: Orán, Bujía, Trípoli.

Y logró más. Aparte de dominar todas las islas Canarias, consiguió su última gran victoria con la incorporación de Navarra. Eso ocurrió en 1512.

El mapa de España estaba completo.

A poco, aquel rey tan poderoso moría en un pequeño lugar de Extremadura, en Madrigalejo.

Unos nuevos tiempos empezarían para España, porque el sucesor del rey Fernando sería un príncipe que venía de muy lejos y que traería grandes novedades. Su nombre, Carlos; apenas un muchacho.

Los tiempos del emperador Carlos V

Un muchacho, rey de España

¿Cómo es eso? ¿Un muchacho, con dieciséis años, convertido en rey de España? ¿No vivía su madre, la reina Juana? Sí, pero aquella reina, la hija de los Reyes Católicos, hacía cosas tan raras que las gentes creyeron que había perdido la cabeza.

Así que empezaron a llamarla: «*¡Juana, la loca!*»

Y decían más. Decían que la culpa la había tenido el galán de su marido, que era tan guapo que en su tierra le llamaban *Felipe el Hermoso*. De modo que la pobre Juana, como le venían con chismes de que Felipe tenía aventuras con otras damas de la Corte, empezó a sufrir de celos.

Unos celos que fueron en aumento hasta tal punto que la hicieron enloquecer.

Es más, a la pobre Juana, como su marido murió muy joven, le entró tanta tristeza y tanta pena que no quería que lo enterrasen.

De modo que hubo que llamar a su hijo, el príncipe don Carlos, para que gobernase España.

Pero ocurrió que Carlos no sabía ni papa de español, así que los castellanos empezaron a murmurar, y más cuando se enteraron de que a aquel muchacho le habían hecho Emperador, que tenía que salir de España y que pedía dinero y más dinero para sus gastos imperiales. Y eso les alarmó. ¿Es que iban a ser gobernados desde tan lejos? ¿Y por un extranjero, rodeado de ministros extranjeros?

Castilla se sublevó.

Fue la rebelión de los comuneros castellanos. ¡Toda Castilla se alzó en armas! Y eso durante dos años. Pero finalmente, una mañana de abril, los comuneros fueron derrotados por la caballería del Rey en unos campos cerca de Villalar y sus tres capitanes (Juan Padilla, de Toledo; Juan Bravo, de Segovia y Pedro Maldonado, de Salamanca) fueron cogidos prisioneros y degollados.

Fue una jornada muy triste, que llenó de luto a Castilla.

Tuvieron que cambiar mucho las cosas para que otra vez la esperanza anidara en los corazones de la gente sencilla de Castilla y de España entera.

Poco a poco las cosas fueron cambiando. Aquel joven Rey, aquel Carlos de Gante que no sabía ni papa de español, comenzó a corregirse. Volvió a España para aprender lo que no sabía. ¡Tenía que ganarse a los españoles! Se mostró generoso. Frente a la dura represión contra los comuneros que muchos cortesanos le pedían, contestó:

«*¡No más sangre!*»

Y vinieron días de fiesta, porque el Rey, ya Emperador, se casó con una princesa, muy linda y muy buena: Isabel de Portugal.

Las bodas fueron en Sevilla, y muy sonadas.

La luna de miel en Granada, en la hermosa Alhambra granadina.

Pero la Corte la acabó poniendo Carlos en el corazón de Castilla, en Valladolid, donde nació su primer hijo: el príncipe Felipe.

De ese modo Carlos V proclamó que quería hispanizarse, que deseaba ser verdadero rey de España.

Magallanes y la primera vuelta al mundo

Por esas mismas fechas un portugués llamado Magallanes le pidió al Emperador Carlos V que le diese unas naves para hacer el más fantástico de los viajes: navegar siempre hacia poniente para dar la vuelta al mundo.

Era un proyecto increíble. Eso nadie lo había hecho hasta entonces. Para ello había que navegar meses y meses en aquellos pequeños barcos de la época, cruzar primero el Atlántico, encontrar un paso en América del Sur para pasar al Pacífico y cruzarlo de cabo a rabo para llegar a las islas de las Especias.

El resto de la ruta, hasta el regreso a España, ya era conocido: las naves debían franquear el océano Índico y al topar con África, en el cabo de las Tormentas, costearla siempre rumbo al norte hasta dar con España.

Y como pasaron tantos días en el mar, sin ver tierra alguna, no pocos murieron de hambre y de sed. El propio Magallanes pereció. Pero el resto de los españoles, apenas un puñado, lograron regresar a España dirigidos por un gran marino: Juan Sebastián Elcano, natural de Getaria (Guipúzcoa).

Una hazaña increíble. Era la primera vez que el hombre daba la vuelta al mundo.

¡Qué emoción!
Aparecen los conquistadores

Sí, detrás de los marinos aparecieron los conquistadores. Gente salida del pueblo, que dejaba atrás sus tierras y sus hogares para probar fortuna y para conseguir fama y riquezas.

Y empezaron la conquista de los inmensos espacios de las dos Américas, que ellos llamaban Indias.

Otra gran aventura. Eso sí, como en todo Imperio, con frecuentes violencias y bárbaros atropellos.

Ahora os voy a pedir que os asoméis a un mapa de las aguas del Caribe, donde aparecen tantas islas, y entre ellas Puerto Rico, Santo Domingo y Cuba. Pues bien, los conquistadores fueron pasando de isla en isla hasta llegar a Cuba.

Desde allí darían el gran salto sobre el continente americano.

Uno de esos conquistadores, Hernán Cortés, estando en Cuba tuvo noticias de la existencia de un Imperio riquísimo en Tierra Firme dominado por los aztecas.

¡El fabuloso Imperio de los aztecas¡ ¡Y eso en el cercano México! Así que Hernán Cortés no se lo pensó dos veces y poniéndose al frente de un puñado de españoles decidió probar fortuna.

Tres años después, había vencido a los aztecas, se había apoderado de su capital, Tenochtitlán, y podía escribir orgulloso a Carlos V:

Señor: Desde esta hora os podéis titular Emperador de estas nuevas tierras como lo sois de las de Alemania.

Y con el recuerdo de su patria grande, puso nombre a las tierras conquistadas, al Imperio de los aztecas que había conquistado.

Un nombre simbólico: Nueva España.

Su fortuna le hizo muy popular. Su fama voló por toda Castilla. Y fueron muchos otros españoles los que quisieron imitarle yéndose a las Indias. Y entre ellos uno destacaría sobre todos: Francisco Pizarro, un audaz extremeño, un veterano de los tercios viejos que había luchado en Italia y que ahora se unía a la nube de conquistadores.

Pizarro tuvo noticia de que muy al sur de Panamá un gran Imperio, lleno de riquezas, se extendía por los Andes: el Imperio de los incas. Las dificultades de aquella empresa eran tan grandes que llegó un momento en el que Francisco Pizarro solo se encontró con otros trece españoles decididos a continuar con la hazaña.

Pizarro acabó triunfando. Con un golpe de audacia, se apoderó del rey de los incas, Atahualpa, el cual le prometió llenarle toda una habitación con oro a cambio de su libertad. Y el oro llegó, pero Pizarro no liberó a su real prisionero. Al contrario, lo mandó ejecutar; bárbaro acto que fue muy criticado en la misma España.

Al menos dos nombres debéis recordar, porque fueron dos tipos estupendos: el padre Bartolomé de las Casas, que no dejó de defender la causa del indio en la Corte imperial, y fray Francisco de Vitoria, el que fue profesor de la Universidad de Salamanca en aquellos tiempos y cuyas denuncias de los malos tratos sufridos por los indios acabaron llevando al Emperador a cambiar la legislación con las famosas y mucho más humanas Leyes Nuevas de Indias, de 1542. La España imperial se forjó con no pocas violencias y atropellos; pero también con nobles intentos de proteger a los pueblos dominados; pues, como veis, la Universidad de Salamanca, que era la más antigua, cumplió entonces con su deber, hasta el punto de provocar la cólera de Carlos V, que llegó a gritar: «¡Que se callen esos frailes!».

Carlos V, el defensor de Europa

Europa estaba entonces amenazada por un poderío formidable: por el Turco, el señor de Constantinopla.

Ese turco tenía un nombre muy sonoro: Solimán el Magnífico. Y ya que era señor de Constantinopla pensó que podía conquistar buena parte de la Cristiandad. Y como era muy belicoso, montó un gran ejército y se lanzó con él, Danubio arriba, y se apoderó de Belgrado. Cinco años más tarde, empeñado siempre en devorar media Europa, conquistaba Budapest, la capital de Hungría.

Ahora bien, el rey de Hungría, que valientemente le presentó batalla, muriendo en aquel combate, era un joven príncipe que se llamaba Luis II. No era un cualquiera, pues era cuñado del Emperador.

Sin embargo Carlos V no pudo ayudarle porque el rey de Francia, Francisco I, queriendo las mismas cosas que tenía el Emperador (el Imperio, Milán y Nápoles), no hacía más que combatirle, de forma que nada menos que cuatro guerras se libraron entre los dos reyes. ¡Aquello era el cuento de nunca acabar! Y eso que Francisco I recibió unos palos terribles, hasta el punto de que él mismo fue cogido prisionero y llevado a la villa de Madrid.

¿Os dais cuenta? Los madrileños de aquellos días, hacia 1525, podían acercarse paseando hasta la Torre de los Lujanes, en el corazón de la Villa, y decirse unos a otros:

«¡Ahí tiene encerrado nuestro Emperador al rey de Francia!»

Fueron muchos años de guerra va y guerra viene. En una ocasión, los franceses se aliaron incluso con el Papa y las tropas de Carlos V tuvieron que luchar hasta en las calles de Roma.

Fue el terrible *Saco de Roma,* esto es, el saqueo interminable de casas y palacios y hasta de iglesias de la Ciudad Eterna.

Un espanto, que los romanos recordarían ya para siempre como algo marcado a sangre y fuego.

Pero Carlos V también tuvo que combatir en el mar contra un poderoso pirata, cuyo nombre seguro que no vais a olvidar: ¡Barbarroja!

Porque Barbarroja tuvo la audacia de conquistar el Reino de Túnez, cuyo rey era amigo y aliado de Carlos V. Y desde Túnez, no contentándose con eso, Barbarroja mandaba sus barcos piratas a saquear las costas de Italia.

¿Se podía tolerar semejante cosa? No por Carlos V. Así que, estando entonces en España, reunió a sus tropas en Barcelona, donde mandó acudir una poderosa escuadra, y embarcó con sus soldados, gritando indignado:

«¡A por ellos!»

Y en un par de jornadas llegó con sus barcos ante las costas de Túnez y desembarcó, al tiempo que los cañones de su escuadra bombardeaban al ejército enemigo. Y tomaron al asalto la fuerte plaza de La Goleta, que parecía inexpugnable. Y aunque era en pleno verano y hacía un calor de todos los diablos, Carlos V no se contentó con aquella victoria y apuntando con su bastón de mando a la capital, Túnez, gritó a sus soldados:

«¡Al asalto!»

¿Y sabéis qué? Pues que cuando Carlos V regresó victorioso a Italia, los romanos le dieron un nuevo nombre glorioso:

«¡Carolus, africanus!»

Después de la gran empresa de África, Carlos V quiso tener en España un encuentro familiar muy íntimo. ¿No vivía aún su madre, aquella pobre Juana, la cautiva de Tordesillas? Corría entonces el mes de diciembre, se acercaban las Navidades y Carlos V quiso disfrutarlas en Tordesillas, al lado de su madre, y con su mujer y sus hijos pequeños.

Fueron unas jornadas preciosas, tal como un cuento de Navidad. Hasta nevó y nevó, cubriendo la villa de Tordesillas de blanco y dejándolos aislados del mundo por unos días.

¡Qué preciosidad! Por desgracia, aquella dicha no duró mucho. Pocos años después, tras un mal parto, la Emperatriz moría cuando aún no había cumplido los cuarenta años.

La Corte se llenó de luto. Y España entera.

Tal como si fuera un romance del viejo Romancero.

Pero un rey, y más si es un emperador, tiene que sobreponerse a sus penas, tiene que pensar en sus reinos, en sus vasallos. Y de ese modo, Carlos V, teniendo noticia de que su villa natal de Gante se había sublevado, decidió que tenía que acudir a poner remedio.

Y Gante fue castigada ejemplarmente.

De forma que ya lo podéis ver: aquel Carlos V, y con él muchos españoles, no hacía más que viajar de un lado a otro. Tan pronto estaba en Alemania como en Italia, en los Países Bajos como en Francia. ¡Y hasta en África!

En África, sí, y no solo por la conquista de Túnez. Porque como la ciudad de Argel, que era el nido de aquel corsario tan terrible que se llamaba Barbarroja, seguía con sus fechorías, mandando a sus piratas a robar en las costas de España, Carlos V se decidió al fin a enfrentarse con aquel temible enemigo. Y aprestó sus soldados. Y también sus naves. En aquella ocasión los reunió en el puerto de Mallorca. Y desde allí, siempre animoso, tomó rumbo hacía el sur. Objetivo: ¡Argel!

Pero en esta ocasión el Emperador no tuvo fortuna. Cuando ya tenía ante sí la plaza enemiga, y después de haber desembarcado su ejército, y entre ellos los temibles tercios viejos españoles, de pronto ocurrió lo imprevisto: una fuerte tormenta se abatió sobre ellos.

No hubo más remedio que ordenar la retirada.

¿Creéis que al fin vendría la paz para Carlos V y también para sus pueblos tan castigados de España? Pues no, porque en el norte de Europa, los príncipes protestantes alemanes negaban su obediencia al Emperador. Le llamaban burlonamente:

«¡Carlos, el de Gante!»

¿Cómo era eso? ¿Se atrevían aquellos príncipes a reírse del Emperador? Pues iban a ver lo que era bueno.

Y el Emperador llamó al duque de Alba y a sus amados tercios viejos. Y presentó batalla a sus enemigos.

Y fue tal el triunfo conseguido en Mülhberg que Carlos V quiso perpetuarlo de manos de un artista.

Del mejor: Tiziano. Y el gran pintor italiano pintó al Emperador como soldado en el campo de batalla, montado en un hermoso caballo, su coraza puesta y lanza en ristre.

Era la estampa de la victoria más absoluta.

¿Y sabéis qué? Que ese cuadro lo podéis ver en el Museo del Prado madrileño, porque es una de las obras maestras de la pintura de aquel tiempo.

Carlos V se retira a Yuste

Después de tanto guerrear, el viejo emperador suspiró por dejar el poder, por retirarse a pasar los últimos días en un sitio tranquilo, apartado del mundo.

¿Y a dónde creéis que iría a parar? No os lo podéis imaginar. Aquel Carlos de Gante, el nacido en los Países Bajos, educado en la cultura francesa, prefirió el retiro de un lugar perdido en el corazón de Extremadura. Ni siquiera un lugar, sino un monasterio solitario en las faldas de una montaña de la vera de Plasencia.

El monasterio se llamaba Yuste. En él había apenas media docena de frailes jerónimos.

¿Era una morada para todo un Emperador? Todos lo dudaban, pero Carlos V mandó hacer allí una sencilla mansión y, cuando todo estuvo listo, allá se fue con unos pocos de los suyos.

Corría el año 1557.

Un año después, el 21 de septiembre de 1558, el gotoso Emperador rendía allí su último suspiro.

Dejaba un hijo que había de heredar el Imperio español: Felipe II. Curiosamente fue en su reinado cuando se creó una Orden religiosa que se extendería por medio mundo: La Compañía de Jesús (los famosos jesuitas). Y su fundador, un santo español: san Ignacio de Loyola.

El reinado de Felipe II

Los comienzos

Felipe no era un rey-soldado como había sido su padre Carlos V. Más bien, era un rey papelero. Le gustaba estar siempre metido en su despacho, rodeado de papeles. Pero también era un rey implacable, sobre todo con los herejes. En 1559 presidió uno de los Autos de Fe montados por la Inquisición, en los que fueron quemados ¡vivos! varios luteranos castellanos. Dos años después hizo de Madrid la capital de la Monarquía.

El Rey estaba muy contento en su Corte de Madrid, vigilando las obras de un grandioso monasterio, y a la vez palacio, que había mandado construir en plena sierra de Guadarrama, en un lugar llamado El Escorial.

Además Felipe II era el rey más poderoso de la Cristiandad. Un poderío que se puso a prueba en 1565 cuando el Turco, aquel Solimán el Magnífico que tanto había guerreado contra su padre Carlos V, puso sitio a la isla de Malta.

Toda Europa miró hacía la pequeña isla cercana a Sicilia. ¿Qué iba a ocurrir? Porque si los turcos se apoderaban de aquella isla su amenaza sobre toda Italia sería terrible.

Pero Felipe II mandó a sus soldados y Malta se salvó.

Fueron tiempos de bonanza en una Corte madrileña en la que lucía sus gracias una dulce princesa de Francia convertida en reina de España: Isabel de Valois.

La ejecución de los condes de Egmont y de Horn

De pronto, a esa Corte festiva y sosegada llegó una mala nueva: allá lejos, en los Países Bajos, unos grupos de descontentos, enemigos del catolicismo, habían asaltado iglesias y proclamado sus sentimientos religiosos, frente a los de Roma.

Ahora bien, Felipe II era un católico fiel al Papa. Por lo tanto, aquella rebelión de los calvinistas de los Países Bajos la tomó como una grave ofensa.

Así que el Rey decidió castigar a los sublevados y mandó a sus tropas y al frente de ellas al mejor de sus soldados: el duque de Alba.

El Duque llevaba instrucciones muy precisas: reprimiría con mano dura aquellas revueltas que tanto habían enfurecido a Felipe II.

Aquel plan tenía dos fases: la primera, la represión implacable de los rebeldes. Y la segunda, la llegada del rey Felipe proclamando el perdón general.

Y el duque de Alba cumplió con todo rigor la orden que llevaba de su Rey. A poco de llegar a Bruselas convocó a los condes de Egmont y Horn como sospechosos de haber provocado la revuelta. Y una vez en su poder, ya no los soltó.

A principios de junio de 1568 los condes fueron sacados de su prisión y llevados a Bruselas. Ellos estaban tranquilos. Confiaban en que era la señal de su pronta libertad. Pero aquella noche otra noticia les llegó: debían aparejarse a bien morir, porque al día siguiente serían degollados por el verdugo.

Y así ocurrió. El 5 de junio de 1568 aquellos dos nobles, tan queridos por el pueblo, salieron de sus celdas custodiados por un fuerte piquete de soldados.

Se les vio caminar hacía la plaza mayor *(la Grand Place)*, que estaba repleta de un público aterrado y enmudecido. En el centro, un cadalso. Y arriba, en el cadalso, el verdugo con su hacha preparada.

Pocos instantes después las dos cabezas de aquellos desgraciados nobles rodaban ensangrentadas.

El terror se extendió por todo el país, porque aquello fue como el anuncio de otras y otras ejecuciones.

Mientras tanto el rey Felipe seguía en Madrid sin acordarse de que tenía que cumplir la segunda promesa: la de ir personalmente a los Países Bajos para proclamar el perdón general.

Pero no fue así, de modo que el duque de Alba tuvo que seguir en Flandes año tras año, hasta 1573. El resultado fue que el descontento se extendió por todas aquellas tierras, la rebelión ganó fuerza y llegó un momento en que las tropas españolas (los temibles tercios viejos) solo dominaban la tierra que pisaban.

El Imperio español mostró su primera grieta, su primera debilidad, su gran herida abierta y ensangrentada.

Que así fueron las cosas y así hay que contarlas.

Proceso y muerte del príncipe don Carlos

¡El príncipe don Carlos! El Príncipe de los tristes destinos. Aquel que parecía destinado a heredarlo todo, a ser el nuevo rey de la Monarquía más poderosa de su tiempo y que de pronto se vio precipitado a la más penosa de las suertes: ser detenido por su propio padre, el rey Felipe II, y morir pocos meses después en prisión.

¿Cómo pudo ocurrir tal cosa?

Sucedió que, por un azar imprevisto, padre e hijo se vieron como rivales en el tema amoroso.

¿Acaso no había sido el príncipe don Carlos el primer candidato a la boda con la princesa Isabel de Valois? Pero, a la postre, los diplomáticos decidieron que el padre, y no el hijo, fuera el esposo de la princesa francesa.

¿Era justo? Don Carlos e Isabel de Valois pertenecían a la misma generación. Ambos, hacia 1559, andaban por los quince años. Dos muchachos que en aquellos tiempos podían enamorarse. En cambio, el Rey doblaba la edad a la Princesa y solo las conveniencias de los diplomáticos le presentaban como el perfecto marido.

Y el Príncipe acusó aquel rechazo a sus pretensiones.

Además, cuando estalló la rebelión de los Países Bajos, don Carlos hubiera querido ser el caudillo militar designado por su padre para mandar las tropas españolas que dominasen a los rebeldes; mas, muy a su pesar, vio cómo el cargo era confiado al duque de Alba.

Otra vez don Carlos se veía relegado. Y fue cuando dio en pensar que no había modo de vivir en palacio, junto a su padre el Rey que le hacía tan poco caso. Así que no encontró otra solución sino preparar su fuga.

Pero el Rey tenía espías por todas partes, así que pronto le llegaron avisos alarmantes de lo que tramaba su hijo.

De forma que no había tiempo que perder. El Rey reunió a sus más íntimos del Consejo de Estado y en una noche de enero salió de su cámara acompañado de la guardia real.

Era bien entrada la noche y los pasillos de Palacio estaba desiertos, sombríos, al resplandor incierto de alguna antorcha colocada aquí y allá.

Era una comitiva sombría. Los pasos de aquel cortejo resonaban amenazadores en aquel palacio nocturno y dormido.

El Rey se detuvo ante la puerta de su hijo y a una orden suya los guardias se precipitaron en su interior, cogiendo desprevenido al Príncipe que en vano quiso hacer uso de sus armas. Al contrario, los guardias le desarmaron y clavaron las puertas y ventanas de su cámara.

El príncipe don Carlos se había convertido en prisionero de Estado.

Pasaron los meses. Al invierno sucedió la primavera y al fin estalló el verano. Y con tal furia que el torreón que servía de prisión a don Carlos se convirtió en un horno.

El Príncipe enfermó, y tan grave que nada se pudo hacer por salvarle. La víspera de Santiago el desgraciado príncipe don Carlos murió.

Fue el *annus horribilis* de 1568, que quedó marcado no solo en la Corte sino incluso en la historia de España.

El asesinato de Escobedo

En la noche del 31 de marzo de 1578 se ve salir a un caballero de una hermosa mansión donde vive una dama de reputación dudosa: doña Brianda. El galán monta a caballo y se hace acompañar por sus criados que, antorcha en mano, le van alumbrando el camino.

De pronto, un grupo armado irrumpe cerrándoles el paso y les ataca con furia. Y hasta tal punto que una estocada da con el galán en el suelo, herido de muerte.

¿Quién era ese personaje? Nada menos que don Juan de Escobedo, secretario y hombre de confianza del hermano del Rey, don Juan de Austria.

Estamos ante uno de los asuntos más turbios y tenebrosos de aquel reinado.

Hoy sabemos bien lo que ocurrió. De hecho, Antonio Pérez, el poderoso secretario del Rey, ya había intentado liquidar a Escobedo de una forma disimulada, mediante el veneno. Y eso una y otra vez. Pero Escobedo parecía hecho a prueba de cualquier veneno. Eso sí, una noche se sintió mal y la gente de su casa se alarmó. Hubo sospechas y denuncias y la Justicia intervino. ¿Y con qué se encontró? Con una morisca en la cocina de Escobedo.

Eso bastó. ¡Ya tenían una culpable! Y la morisca fue torturada, llevada a suplicio y hasta ahorcada. Mas la pobrecilla era inocente.

¡Qué misterio! ¿Qué había ocurrido? ¿Quiénes eran los verdaderos criminales?

Sin duda, Escobedo había averiguado algo grave y comprometedor en la casa de la princesa de Éboli; algo que implicaba no solo a la Princesa sino también al secretario del Rey, Antonio Pérez.

Y lo que fue peor para Escobedo: que aludió a lo que había descubierto. Acaso amenazó a los culpables. Con lo cual dictó su sentencia de muerte.

Antonio Pérez era muy listo. Quiso quedar bien cubierto. ¿Y de qué forma? Comprometiendo al propio Rey.

De ese modo hizo creer a Felipe II que su hermano don Juan de Austria, aquel gran soldado que había vencido en Lepanto y que ahora mandaba los tercios viejos que luchaban en los Países Bajos, tenía una ambición desmesurada: nada menos que invadir Inglaterra, casarse con la reina escocesa María Estuardo, dominar todo aquel norte de Europa y después caer sobre España con todas sus fuerzas para destronar al Rey y convertirse en el nuevo soberano de la Monarquía.

Pero, añadía Antonio Pérez, el verdadero culpable no era don Juan de Austria, sino su secretario Escobedo, que le metía esas ideas en la cabeza. Por lo tanto, para eliminar aquel gran peligro, solo había una solución rápida e inmediata: acabar con Escobedo, de tal forma que pareciese muerte accidental, para que no interviniese la Justicia.

De ahí el veneno, confiando en que no dejase huellas. Pero el veneno no funcionó. Y entonces, Antonio Pérez, actuando por su cuenta, mandó a aquellos rufianes para que con las armas en la mano acabasen con Escobedo.

De ese modo se cumplió aquel infame asesinato. Gran escándalo en la Corte. Todos eran a pedir justicia. ¿Cómo era posible que en el mismo Madrid se matase a uno de sus principales personajes sin que se cogiese a los culpables? Y, sobre todo, ¿quién estaba detrás de todo ello?

Alguna siniestra conjura se dejaba sentir.

El Rey estaba tranquilo, pues había cumplido con su deber. La seguridad del Imperio era lo que importaba. Y Escobedo la amenazaba, soliviantando a don Juan de Austria, entonces el héroe de la España Imperial.

Pero sucedió que pocos meses después aquel gran soldado, el héroe de Lepanto, don Juan de Austria, moría inesperadamente en los campos de Flandes. Un dolor, pues era la gran esperanza de España. Con lo cual, llegaron al Rey todos los papeles y documentos más íntimos de su hermano. Y, ¿con qué se encontró? Con que don Juan de Austria siempre le había sido leal. No era ningún traidor. Por lo tanto, era inocente de aquella supuesta conspiración para invadir España.

El Rey se sintió engañado y tremendamente dolido al verse implicado en una muerte que, en definitiva, no era más que un atroz asesinato.

De forma que intervino la Justicia. Y empezó el proceso contra Antonio Pérez.

Sorprendentemente el proceso se prolongó años y años. El Secretario fue apresado, pero teniendo por prisión su propia casa. De hecho, incluso seguía negociando en los asuntos de Estado como si nada hubiera ocurrido.

Hasta que un suceso muy grave, al que luego aludiremos, sacudió a la Monarquía: el desastre de la Armada Invencible.

El Rey pensó que si los temporales habían destruido la Armada, era porque algo no iba bien. ¿No estaba el tiempo en manos de Dios? O lo que era lo mismo: aquellos temporales venían a ser un signo de la cólera divina. Algo olía mal en la Corte, algo turbio y podrido. Dios no estaba contento con su Rey. ¿Y dónde estaba la falta? En la muerte alevosa de Escobedo. Y el Rey, muy consternado, ordenó acelerar el proceso del Secretario. ¡Que se le aplicara el tormento, si era necesario! Pero que confesase su maldad.

Y el tormento se aplicó y el reo confesó.

A partir de ese momento sus días estaban contados. Era cuestión de poco tiempo que su cabeza rodase por mano del verdugo.

Mas otra vez sucedió lo imprevisto, lo verdaderamente sorprendente, lo que el Rey no esperaba: el astuto y desleal Secretario logró fugarse de la cárcel madrileña en la que estaba prisionero. Por Madrid corrió la noticia de que su esposa, Juana Coello, que era una mujer muy valiente, había dado una suculenta cena a los carceleros, el vino había circulado, acaso más de la cuenta, y la borrachera había sido general, lo que había permitido a Antonio Pérez darse a la fuga.

Eso rumoreaba el pueblo, celebrando la hazaña de aquella valiente mujer, porque el pueblo madrileño era el primero en estar escandalizado por todo lo que había ocurrido.

De ese modo Antonio Pérez logró fugarse de la Corte, escapando a caballo a todo galope. Y no paró hasta llegar a Zaragoza, la capital del Reino de Aragón. Allí se creyó a salvo de la justicia del Rey, pues él era aragonés y podía acogerse a los fueros de su Reino. En vano el Rey mandó actuar a la Inquisición, pues el pueblo de Zaragoza, enfurecido, asaltó la cárcel inquisitorial y puso en libertad al astuto Secretario.

Antonio Pérez no lo pensó más. Otra vez montó a caballo y no paró hasta entrar en el Reino de Francia. ¡Allí sí que estaba seguro!

Gran disgusto del Rey. Pero Felipe II tenía a mano otra víctima a la que poder castigar: la princesa de Éboli. ¿No decía todo Madrid que la Princesa, su antigua amante, lo era ahora de Antonio Pérez? ¿Y no se decía también que ambos, la Princesa y el Secretario, se habían compinchado y que eran los que habían tramado el asesinato de Escobedo?

De ese modo, la Princesa sufrió las consecuencias. De hecho, el mismo día en el que Antonio Pérez había sido detenido por la Justicia, la Princesa era puesta también en prisión, en este caso en la Torre de Pinto.

No hubo proceso, la prisión de la Princesa fue cada vez más rigurosa, para acabar encerrada en un aposento de su palacio de Pastrana, con guardias a la puerta y con tupidas rejas en sus ventanas para que no pudiese ver ni ser vista por nadie.

Era como vivir casi emparedada.

El pueblo de Pastrana decía que, mientras los alba- ñiles y los herreros procedían a su siniestra labor de ce- rrar todos los huecos de la cámara en que estaba presa la Princesa, a esta se la oía sollozar sin tregua, oculta tras unas cortinas.

Y de ese modo, casi enloquecida por el implacable rigor del Rey, la Princesa acabó muriendo en prisión.

Auge y declive del Imperio: Lepanto, Lisboa y la Armada Invencible

La década de los setenta fue en general próspera para España, salvo la herida abierta de la rebelión de los Paí- ses bajos. El despliegue del Imperio fue tan formidable que mientras los españoles contenían y vencían al Turco, en el corazón del Mediterráneo en la famosa batalla de Lepanto, en ese mismo año de 1571 otros españoles cru- zaban el océano Pacífico, saliendo de México, y fundaban a quince mil kilómetros de distancia la ciudad de Manila, que sería capital de una nueva nación que llevaría el nom- bre del Rey: las islas Filipinas.

Y fijaos bien: estamos ante el único caso en que un Rey da nombre a toda una nación.

Diez años más tarde, en 1580, el mismo año en que el Gran Duque de Alba conquista Lisboa y el Reino de Portugal para su rey Felipe II, es cuando más allá de los mares Juan de Garay funda la ciudad de Buenos Aires, que se convertiría en una de las más importantes de América del Sur.

Un despliegue fabuloso que demuestra bien a las claras el empuje del Imperio español.

Fueron los tiempos en los que se dio la batalla de Lepanto, una de las más célebres de la Historia. Allí, la armada de la Santa Liga contra el Turco, formada por Roma, Venecia y España y mandada por don Juan de Austria, el hermano del Rey, conseguiría una victoria verdaderamente decisiva. A partir de ese momento el Turco dejaría de ser una amenaza para la Cristiandad.

Y una cosa debéis recordar: que en aquella tremenda batalla combatió con enorme valor un español insigne cuyo nombre conoce todo el mundo, pues se trata nada menos que de Miguel de Cervantes, autor de una de las obras más destacadas de la Literatura universal, como sabéis muy bien: *Don Quijote de la Mancha*.

Sin duda el momento de mayor expansión se da en 1580, cuando el Gran Duque de Alba conquista todo Portugal para Felipe II. Porque eso supuso que el Rey español, señor de las Indias Occidentales, se convirtiese también en el señor de las Indias Orientales. De forma que a poco de llegar Felipe II a Lisboa, como nuevo rey de Portugal, ya podía anunciar a su hijo Diego que el virrey de la India ¡le mandaba un elefante! Algo estupendo, ¿no es verdad?

Ahora bien, un dominio tan formidable de medio mundo, hasta el punto de constituir el mayor Imperio jamás conocido, ya podéis comprender que tenía que provocar envidias y recelos. Particularmente enemigas se mostraron entonces tanto Francia como Inglaterra. A Francia logró vencerla en el mar don Álvaro de Bazán, en las islas Azores, a poco de la conquista de Lisboa; pero

otra cosa fue el enfrentamiento con la Inglaterra de Isabel, la hija de Ana Bolena.

Porque Isabel había logrado reunir a los mejores marinos de su tiempo y formar una escuadra formidable, con unos navíos muy veloces.

Con esa armada y con marinos como Hawkins y sobre todo Drake, Isabel de Inglaterra se atrevió a provocar al Rey español. Y tanto que incluso mandó sus naves a destruir el mismo Cádiz. Entonces Felipe II decidió castigar a la Reina inglesa invadiendo su Reino.

El Rey español tenía el mejor ejército del mundo, mandado además por el soldado más notable de su tiempo: Alejandro Farnesio. Nadie tenía duda de que una vez que Alejandro Farnesio desplegase sus tercios viejos en las tierras de Inglaterra, la victoria sería suya.

Ahora bien, para conseguirlo hacía falta cruzar el Canal de la Mancha; un corto trayecto marítimo pero con una dificultad: que estaba vigilado por la poderosa marina inglesa.

De ahí que Felipe II decidiera construir una formidable Armada que recibió un nombre rotundo y sonoro: *La Armada Invencible*. Pero fue todo lo contrario, porque enfrentada con la inglesa en 1588, la derrota fue total, de modo que jamás Alejandro Farnesio y sus soldados pudieron invadir Inglaterra.

Esa derrota marcaría el final del reinado de Felipe II. El esfuerzo había sido tremendo, arruinando al pueblo español.

Allí comenzó la decadencia del Imperio.

Y como el Rey siguió empeñado en más guerras, la ruina del pueblo fue tan grande que murmuraría, deseando su fin:

«¡Si el Rey no muere, el Reino muere!»

Y eso fue lo que ocurrió: al fin, el 21 de septiembre de 1598 Felipe II falleció en el monasterio de San Lorenzo de El Escorial que había fundado treinta años antes. Un monasterio tan imponente que era mucho más que un convento. Era también palacio, iglesia, mausoleo y biblioteca.

Una construcción casi faraónica puesta en medio de la sierra madrileña y que todavía impresiona a sus visitantes trayéndoles el recuerdo de los tiempos en que Felipe II reinaba en España y cuando tenía bajo su poder el mayor Imperio de los tiempos modernos.

Los creadores del Renacimiento

Aquella época del Renacimiento tuvo sus grandes creadores, tanto en la Artes como en las Letras. Sería el preámbulo del gran Siglo de Oro.

Así, en las Artes nos encontramos con escultores tan importantes como Alonso Berruguete y Juan de Juní, a los que podéis admirar en el Museo Nacional de Escultura de Valladolid; a pintores, como el impresionante chipriota afincado en Toledo que se haría tan famoso (El Greco), e incluso arquitectos, como Juan de Herrera, el que alzaría el grandioso monasterio de San Lorenzo de El Escorial.

Pero también una España con renombrados profesores en la Universidad, como el gramático Nebrija o el jurista fray Francisco de Vitoria; el primero, célebre por componer la primera *Gramática* de España. Y el segundo, famoso en el mundo entero como uno de los primeros tratadistas del Derecho de gentes; esto es, del Derecho Internacional.

Fue también la época en la que se escribieron obras de teatro tan famosas como *La Celestina*, de Fernando de

Rojas. Y también en el campo de la novela, donde se inició un género nuevo: el de la picaresca. A buen seguro que habéis oído hablar de *El lazarillo de Tormes*, por cierto, de autor desconocido.

Tiempos también en que floreció la Literatura mística, con la prosa exquisita de dos grandes santos: santa Teresa de Jesús y san Juan de la Cruz.

Y, naturalmente tratándose del Renacimiento, ya podéis comprender, queridos amigos, que también florecieron grandes poetas.

Así Jorge Manrique, aquel que compuso las *Coplas por la muerte de su padre* que empiezan con aquellos versos tan populares:

> *Recuerde el alma dormida,*
> *avive el seso y despierte,*
> *contemplando*
> *cómo se pasa la vida,*
> *cómo se viene la muerte*
> *tan callando.*

O las poesías del gran Garcilaso de la Vega, que tanto influiría en nuestros poetas actuales, como en Rafael Alberti, creador de algunos de los versos más hermosos escritos jamás en castellano:

Corrientes aguas puras, cristalinas;
árboles que os estáis mirando en ellas,
verde prado de fresca sombra lleno...

O, en fin, los de aquel valiente profesor de la Universidad de Salamanca, que fue capaz de enfrentarse con la Inquisición, el fraile agustino fray Luis de León, autor también de alguna de las poesías más populares de todos los tiempos, como aquella titulada *Vida retirada* cuyos versos empezaban así:

¡Qué descansada vida
la del que huye del mundanal ruido
y sigue la escondida
senda por donde han ido,
los pocos sabios que en el mundo han sido!

Y para terminar, ¿queréis entrar conmigo en un jardín del Renacimiento de la mano de aquel gran poeta, fray Luis de León?

Pues vamos allá:

El aire el huerto orea
y ofrece mil olores al sentido,
los árboles menea
con un manso ruido
que del oro y del cetro pone olvido.

¿No es fantástico? Pues ahí está. Ahí tenéis resonando la voz de un gran poeta de la España Imperial.

Es cierto que a partir de entonces caerían grandes calamidades sobre España. Pero, en contraste, tanto los escritores como los artistas mantendrían su ánimo entero, logrando otro imperio aún mejor y más verdadero: el de la Cultura.

¡QUE SE NOS CAE ESPAÑA!

(El siglo XVII)

El gran cambio: los validos

Bien sabéis, amigos, que todo Imperio tiene un punto de arranque, un vuelo y una caída. Así le ocurrió al Imperio romano y así le pasó al Imperio español. Con una diferencia: que al extenderse el Imperio español por Europa y por América, curiosamente mientras los dominios europeos se fueron perdiendo en el siglo XVII, la parte americana del Imperio se mantuvo intacta e incluso aumentó, y no poco. De forma que mientras que a España, siempre metida en guerras y más guerras, cada vez se la veía más consumida y acabada, sus dominios de Ultramar llevaban una vida próspera, gobernados en paz y con justicia.

En principio, la muerte de Felipe II trajo un cambio considerable, incluso en el mismo modo de gobernar; pues al antiguo sistema de una Monarquía autoritaria, en la que el Rey trataba de controlar todo el gobierno, le sucedió otro comportamiento tan distinto que el Rey se olvidaba del gobierno, dejándolo en manos de un noble protegido suyo.

A ese noble tan favorecido el pueblo le dio el nombre de valido. De ahí que el nuevo sistema se llamara *el régi-*

men de validos. Es curioso: mientras que, en el periodo anterior, tanto los Reyes Católicos como Carlos V y Felipe II dedicaron toda su vida a gobernar sus reinos, demostrando que el oficio de los reyes era gobernar y que ese era su trabajo y que se aplicaban a él lo mejor que sabían, a partir de Felipe III los reyes de la Casa de Austria prefieren dejar ese trabajo en manos de un ministro; generalmente un miembro de la alta nobleza que se convierte en el verdadero señor de la Monarquía.

¿Os asombra, entonces, que la época llamara holgazanes a sus reyes? De hecho, sí parecía que habían nacido para reinar y gobernar, pero solo querían reinar sin gobernar. Era como si abandonasen sus deberes; de ahí que el pueblo murmurase.

Ahora bien, lo cierto es que Felipe III no dejaba de tener sus propias virtudes. En primer lugar era bondadoso, lo cual es importante, y ya veréis que eso se haría notar en el país. Porque por su tendencia natural amaba la paz, algo tan valioso en la vida de los pueblos.

En efecto, a tantas guerras y a tantas calamidades que habían sobrevenido en el siglo XVI iban a suceder unos años en los que las armas callaron, lo que iba a suponer un respiro para el pueblo entero.

Hablemos, pues, de aquel valido o privado (el duque de Lerma) que se hizo con el poder, hablemos de la paz, que se fue imponiendo en España, y hablemos también de un suceso verdaderamente importante y cargado de dramatismo que entonces se produjo: la expulsión de los moriscos.

El primer valido: el duque de Lerma

Felipe III, el joven y nuevo rey, hizo su valido al duque de Lerma. El Duque era muy astuto. Ya en tiempos de Felipe II procuró hacerse amigo del entonces Príncipe, que era un muchacho blanduncho y fácilmente dominable, con lo que esperaba que, en cuanto se convirtiese en rey, haría de él lo que quisiese.

Y lo que quería, sobre todo, era que le dejase el poder en sus manos, convirtiéndose así en el amo de España.

Y me preguntaréis: ¿Cómo fue posible que Felipe II, un rey tan receloso, no se diese cuenta de lo que tramaba aquel astuto personaje? Pues bien, yo os puedo contestar: Felipe II advirtió lo que pretendía el duque de Lerma. Tanto es así que, para evitar su mala influencia, le hizo salir de la Corte, mandándolo como virrey al reino de Valencia.

Una medida juiciosa, pero insuficiente. Mejor hubiera sido que el Rey le mandara a una región más apartada: a Filipinas o, al menos, a México o a Perú. Vamos, al otro lado de los mares, para alejarlo más y más. Porque, claro, en cuanto Lerma se enteró de que Felipe II agonizaba, en pocas jornadas dejó Valencia y se puso en la Corte. Y de ese modo, Lerma estaba al lado de su Príncipe cuando se convirtió en el nuevo monarca, Felipe III, y pudo conseguir al momento lo que tanto deseaba: que le concediese todo el poder, haciéndole su privado.

Y así el duque de Lerma se convirtió en el valido del Rey.

O lo que es lo mismo, en el amo de España.

Y como era otro holgazán, tan grande como el mismo Rey, que se pasaban ambos todo el día jugando a las cartas, Lerma dio en que bien podía tener a su vez otro valido, que fuera el que de verdad se dedicase a gobernar.

Y así designó a tal efecto a Rodrigo Calderón, marqués de Siete Iglesias.

Y hubo más, porque ambos se dedicaron a robar todo lo que pudieron. Parecía que no tenían más que dos deseos: mantenerse en el poder y enriquecerse.

Pero algo tuvieron de bueno y en eso coincidieron con su Rey: les venía bien la paz con el resto de la Europa Occidental, aunque solo fuera para estar más seguros; pero de hecho el pueblo agradeció aquella paz.

La primera que se firmó fue con Inglaterra, nada más morir la reina Isabel que tan enemiga era de España. Porque el nuevo rey de Inglaterra, Jacobo VI, el hijo de María Estuardo, también era partidario de la paz. Además ocurrió un hecho singular: nuestro embajador en Londres, conde de Gondomar, se hizo muy amigo del Rey.

Y eso fue estupendo, porque las relaciones entre los dos pueblos pasaron de muy malas a muy amistosas.

De ese modo, en 1603 se firmaba la paz entre España e Inglaterra. Y pocos años después la presencia al frente de los Países Bajos de otro pacifista, Oldenbarneveldt, permitió también mejorar las relaciones con los Países Bajos, los antiguos rebeldes a la Monarquía, favorecido ese hecho porque Felipe II había desgajado de la Monarquía aquellos dominios, cediéndolos a su hija Isabel Clara Eugenia. De esa forma se pudieron firmar unas treguas por doce años, lo que al menos llevó la paz durante aquel tiempo a Holanda y España.

Más problemática parecía la situación con Francia, pues en el trono francés se hallaba un rey belicoso y ansioso de reanudar la guerra contra España para convertirse en el más poderoso monarca de la Cristiandad; afortunadamente para España, ese rey, Enrique IV, murió en 1610 antes de que se rompiera la paz. Y a su muerte su viuda, la reina regente María de Medicis, creyó que lo mejor era afianzar la paz con España mediante un doble matrimonio principesco. Y de ese modo una princesa española, Ana de Austria, se convirtió en la reina de Francia como mujer de Luis XIII; mientras que a España llegó una princesa francesa para casarse con el príncipe heredero, futuro Felipe IV: sería Isabel de Borbón.

Y ese sí que fue un buen regalo para el pueblo español. Al fin, después de tantos años de guerrear contra ingleses, franceses y holandeses, en tierra y en mar, sobrevino un periodo de paz. ¡Qué maravilla! Los poetas la cantaron, como Lope de Vega en una obra famosa: *El villano en su rincón.*

En efecto, en esa obra Feliciano, el hijo de un rico campesino pero demasiado montaraz, le anuncia la visita del Rey, y ante la resistencia paterna a los melindres cortesanos le replica:

> *¡Ea, padre, que esta vez*
> *no has de ser tan aldeano!*
> *Da, por tu vida, de mano*
> *a tanta selbatiquez.*
> *Alegra ya tu vejez,*
> *hinca la rodilla en tierra...*

Y es cuando el poeta alude a la venturosa situación de aquella paz tan anhelada:

> *... hinca la rodilla en tierra*
> *al Rey, que con tanta guerra*
> *te mantiene en paz.*

La expulsión de los moriscos

Pero ocurrió que el privado Lerma creyó oportuno aprovechar aquella paz para llevar a cabo una medida terrible: la expulsión de los moriscos, porque en su mayoría eran musulmanes. Era seguir el ejemplo de los Reyes Católicos cuando habían procedido a la expulsión de los judíos. Por lo tanto, era un intento de conseguir la unidad religiosa del país.

Ahora bien, algo diferenciaba la nueva expulsión de la antigua: los moriscos eran mucho más numerosos y además eran, en su mayoría, campesinos que poblaban grandes territorios, especialmente en Aragón, en Valencia y en Granada.

Aquella expulsión fue un drama colectivo, del que se harían eco algunos escritores del tiempo, y en particular Cervantes, que en la segunda parte del *Quijote* recoge aquel hecho. Oigamos el lamento de Ricote, un morisco vecino de Sancho Panza, que así se duele de aquella desgracia:

> *Fuimos castigados con la pena del destierro, blanda y suave al parecer de algunos, pero al nuestro, la más terrible que se nos podía dar...*

Y añade, mostrando su pena:

> *Doquiera que estamos lloramos por España, que en fin, nacimos en ella y es nuestra patria natural...*

Sin duda, queridos amigos, unas jornadas de tremendo dolor. Un capítulo, en suma, extremadamente penoso ocurrido en aquel reinado.

Pero otra vez vuelvo a deciros: así ocurrieron las cosas y así hay que contarlas.

Un final feliz

Pero para terminar con el reinado de Felipe III os voy a contar un cuento que sucedió entonces y además con final feliz.

Pues ocurrió que don Juan de Austria, aquel rayo de la guerra que había vencido en plena juventud y tan brillantemente en la batalla de Lepanto, aquel de quien parecían enamoradas todas las damas de palacio, y en particular las italianas cuando regresó victorioso de aquella empresa contra el Turco, tuvo amores con una dama napolitana. Él mismo lo escribiría alborozado a su hermana Margarita de Parma: había tenido una hija natural con la más hermosa de las mujeres. Y como confiaba tanto en su hermana, le mandó aquella hija suya que tanto quería para que la cuidase, dado que él tenía que seguir guerreando en uno y otro lugar como gran soldado de la España Imperial.

Y aquella niña, de nombre Juana de Austria, fue creciendo al lado de su tía. Era alegre y vivaracha; estaba llena de vida. Cuando se hizo mujer, el rey Felipe II ordenó que la metieran en un convento. ¡Qué horror! Porque aquella chiquilla no tenía vocación alguna de monja. Quería vivir en el mundo, quería ser una mujer casada y con hijos, y no una monja encerrada entre rejas.

Pero el Rey se mostró inflexible: Juana de Austria debía entrar en un convento para rezar todos los días de su vida por la salvación de su padre.

Un planteamiento tan fanático como penoso, porque el resultado era una pobre muchacha sacrificada.

Eso ocurría a fines del siglo XVI. Esto es, en los últimos años de la vida de Felipe II. Por fortuna para aquella pobre muchacha, el Rey murió antes de que Juana de Austria se viera obligada a formular sus votos de monja. Y cuando Juana de Austria supo que el nuevo Rey era su primo Felipe III, le escribió una carta verdaderamente emocionante.

Le decía así, al contarle su pena:

> *No sé, señor y amparo mío, qué me hacer ni a dónde volver los ojos, si no es a la real clemencia de V. M. ...*

Porque ella no era mujer para vivir en un convento. Y así se lo dice a su regio primo:

> *... es imposible para mí vivir en monasterio...*

Ante el anterior Rey no había tenido amparo ninguno:

> *Veome sola, pobre, huérfana y desamparada.*

Y es cuando apela al buen corazón de su primo, aquel rey Felipe III, recordándole quién era ella: la hija de uno de los grandes soldados de la España Imperial, de aquel don Juan de Austria que había logrado tantas victorias para su patria y que había muerto lejos de España en el campo de batalla. Y Juana de Austria acudió a los nobles sentimientos de su primo el Rey:

Como sé cierto que si V. M. entendiese la vida que paso, no sufriría su benigno corazón que esta su mínima sierva, aunque indigna, de su misma sangre, hija de un padre que tan fiel al servicio de real corona pasó su vida...

Y es cuando implora del Rey que la saque de aquel suplicio:

... no tengo duda de que si V. M. supiese las lágrimas que esto me cuesta, se apiadaría de mí...

Y en efecto, Felipe III se apiadó. Ordenó que su prima saliese del convento, la dotó generosamente y le encontró un buen marido: el noble siciliano Francesco Branchiforte, que además era nada menos que príncipe de Pietrapersía.

Y de ese modo, como si se tratara del final feliz de un antiguo cuento de aventuras y desventuras, aquella pobre huérfana que había sido metida a la fuerza en un convento por orden del riguroso rey Felipe II, salió al fin de él gracias a la bondad de Felipe III. Y se la vio embarcar hacia su nuevo destino, en una impresionante flota de cinco galeras que la llevó de Nápoles a Palermo.

Fue una boda de ensueño, teniendo aquella dulce mujer como padrino al duque de Feria, que representaba al propio rey Felipe III.

Un nuevo valido: el conde-duque de Olivares

Si el duque de Lerma había dado en ser tan holgazán como el Rey, dejando todo el poder en manos de Rodrigo

Calderón, marqués de Siete Iglesias, ese no sería el caso del nuevo valido, a la muerte de Felipe III. Pues su sucesor, Felipe IV, que era un muchacho que solo tenía dieciséis años cuando llega al trono, nombraría valido al conde-duque de Olivares. Y Olivares era un noble muy ambicioso que quería todo el poder, sin delegar en nadie.

Olivares apareció como un regenerador del país. De carácter belicoso, consideró que la política pacifista de la época de Felipe III era un signo de debilidad del Imperio que tenía que ser corregido. En consecuencia, la arrogancia sería el nuevo signo de la Monarquía.

Ya a finales del reinado anterior España se había metido en una guerra que al principio parecía de poca importancia, pero que luego tomaría un vuelo formidable y que sería la más sañuda, reñida y sangrienta de todo el siglo XVII, y tan larga que la llamarían la Guerra de los Treinta Años.

Todo había empezado porque unos checos, rebeldes a la Corte de Viena, se habían alzado en 1618 y entonces Felipe III se creyó obligado a auxiliar al Emperador de Austria, que era su tío, enviándole unos tercios viejos que fueron decisivos a la hora de ganar la primera batalla, llamada de la Montaña Blanca.

Pero eso solo sería el principio. A partir de ese momento las cosas se irían complicando. A los checos les saldrían protectores que continuarían la guerra: primero alemanes, después daneses, más tarde suecos y a la postre franceses. Todo ello prolongándose en el tiempo y ya a lo largo del reinado de Felipe IV.

Hubo más, pues cuando terminaron las treguas firmadas con Holanda, Olivares, en vez de negociar su prolongación, exigió tanto a los holandeses que las treguas se rompieron y España también entró en guerra con Holanda.

En cambio con Inglaterra las cosas al principio nos iban mejor. En la Corte inglesa, el conde de Gondomar, acaso el diplomático más famoso de todo el siglo que ya habéis visto que era muy amigo del rey Jacobo, consiguió que un noble inglés, sir Walter Raleigh, acusado de piratear a costa de España y de sus dominios en América, fuera condenado y ejecutado por la justicia inglesa.

Ahora bien, lo que parecía increíble se iba a producir: otra vez la guerra con Inglaterra.

Pues ocurrió que Carlos, el príncipe de Gales y heredero de la corona inglesa, aspiró a casarse con una princesa española, María de Austria, la hermana del rey Felipe IV. Y con un espíritu aventurero, típico de aquellos lectores de libros de caballerías, se presentó de improviso y de incógnito en la Corte de Madrid para conocer a la princesa María.

Y, ¿qué sucedió? Pues que como el príncipe de Gales no era católico, los madrileños pensaron que lo mejor era

hacer una manifestación de su profunda religiosidad, para pedir a los cielos que aquel príncipe inglés hereje se convirtiera al catolicismo. Y de ese modo, una noche de aquel año de 1623 recorrió las calles de Madrid la más extraña y espectacular de las procesiones: cientos de encapuchados, entonando tristes cánticos y disciplinándose de la manera más brutal: unos dándose latigazos, otros arrastrando cadenas con los pies descalzos, y algunos incluso llevando gigantescas cruces de madera. Y todo entre gemidos y lamentos. ¡Qué fuerte!

Un espectáculo tan dantesco que el príncipe inglés se quedó boquiabierto. «¿Dónde me he metido yo?», debió decirse. Y sin pensarlo más dejó Madrid y no paró hasta verse en Londres, dando por rota la boda con la princesa María. Con lo cual cuando aquel Carlos, príncipe de Gales, se convirtió en el nuevo Rey de Inglaterra (Carlos I), lo primero que hizo fue declarar la guerra a España.

¿Qué ha sido de aquella paz de la que había gozado España durante el reinado de Felipe III? ¿Podría el país soportar tanta guerra, por mar y por tierra? Cada vez España contaba con menos recursos, en hombres y en dinero, y cada nueva guerra le exigía mayores esfuerzos.

Todavía, al principio, los tercios viejos mantuvieron el tipo logrando alguna que otra victoria; en particular fue famosa la conseguida por el cardenal-infante don Fernando en los campos alemanes de Nördlingen en 1634. También, cuatro años después, se logró rechazar el intento francés por conquistar la plaza de Fuenterrabía (Hondarribia) con ayuda de los mismos habitantes de esa hermosa villa vasca. Pero poco después empezaron ya los desastres. En 1639 la marina española sufría un descalabro (la batalla naval de las Dunas) frente a la holandesa mandada por un marino excepcional: el almirante Tromp. Y cuatro años después los mismos tercios viejos serían barridos en el campo de batalla por el ejército francés.

Sería la derrota de Rocroi, que, en 1643, marcaría ya el declive del poderío militar español en Europa.

El Imperio entraba en decadencia. Y lo peor estaba aún por llegar: la guerra civil en la propia España. Pues en 1640 estalló en Barcelona el sangriento Motín de los Segadores (¿os suena la canción *Els Segadors?*, pues de ahí viene); motín que acabaría en una formidable rebelión que pondría a Cataluña entera en armas contra el mal gobierno de Olivares, que había atentado muy torpemente contra las tradicionales costumbres y leyes de Cataluña.

Y fue entonces cuando también se rebeló Portugal, separándose de España. De manera que, en contraste con la España Imperial, ahora no se lucharía por el predominio en Europa sino por la propia supervivencia.

Era la caída en picado.

Pronto los tratados que hubo que firmar con los enemigos de España lo confirmaron. En la Paz de Westfalia, de 1648, Felipe IV reconocería la independencia de Holanda. Y once años después, en la Paz de los Pirineos, admitiría la supremacía militar de Francia.

EL reinado de Carlos II el Hechizado

Felipe IV había hecho ese sacrificio esperando poder concentrar todo su esfuerzo en la Península para recuperar Portugal. Vano empeño. Los portugueses iban a luchar con tal valor y tenacidad por su independencia que poco después de la muerte de Felipe IV la reina regente, Mariana de Austria, acabaría reconociendo la independencia de Portugal.

Por desgracia, no sería la última vez que España se viera en situaciones similares. En todo caso, lo cierto es que, en aquella ocasión, su declive político y los continuos desastres militares iban unidos a un empobrecimiento del país verdaderamente lamentable. Los viajeros que entonces llegaban a España quedaban asombrados: no veían más que pueblos en ruinas, cuando no despoblados; campos abandonados, caminos impracticables, fondas sucias y destartaladas.

Aquella España que había sido la dueña de medio mundo, no era más que la sombra de sí misma. Y todo ello cuando unas terroríficas pestes asolaban el país de norte a sur, llevándose en ocasiones a la mitad de sus habitantes.

A tenor con ese espectáculo estaba el que daba la misma dinastía. Cuando muere en 1665 el rey Felipe IV le sucede su hijo Carlos II, un muchacho de tan raquítica condición física que el pueblo creía que estaba maldito, que le habían echado un mal de ojo. Y así pasaría a la Historia, como Carlos II el Hechizado. Y aunque al menos parecía que la paz con todas las potencias europeas podía permitir una recuperación de la patria, lo cierto es que el rey de Francia, Luis XIV, tan poderoso que le llamaban el Rey Sol, se entretendría en hacer la guerra año tras año

a aquella desvalida y tan maltratada España, arrebatándole los territorios que le quedaban en Europa, ya en Flandes ya en el Franco-Condado.

Y lo que fue peor. Cuando muere Carlos II en 1700, sin hijos, se plantea un gravísimo problema: el de la sucesión. Media Europa se lanzó con furia para hacerse con los despojos de aquella Monarquía que estaba sin rey. Sería la guerra de Sucesión entre dos bandos, el que apoyaba a un nieto de Luis XIV, de nombre Felipe, y el que apoyaba al archiduque Carlos, de la Casa de Austria.

Un conflicto tan grande que asolaría España durante más de doce años y que acabaría poniendo en el trono al representante de una nueva dinastía: la casa de Borbón.

Ahora bien, entre tanto estrago, entre tanta ruina, que bien puede hacernos pensar que España se rompía, que se caía a trozos, sin embargo increíblemente, entre esos escombros, nuestros creadores iban a dar lo mejor que tenían, y con tal fuerza y con tal brío que su obra sería de tanta importancia que la época tomaría el nombre glorioso de Siglo de Oro.

Los creadores del Siglo de Oro

No, amigos míos, no temáis. No os voy a fatigar con una retahíla de los nombres de nuestros grandes creadores, ni con la lista de sus obras.

Pero alguna cosa sí os quiero decir y lo vais a entender muy bien.

Lo primero, verdaderamente sorprendente (y me atrevería a decir que maravilloso), es que a pesar de tantos escombros, de tantas ruinas, en aquella España que iba de derrota en derrota y que parecía que estaba a punto de desaparecer, en medio de tanto dolor y de tanta miseria, hombres como Cervantes seguían escribiendo su obra inmortal y hombres como Velázquez pintaban cuadros verdaderamente geniales.

Porque eso sí es bueno recordarlo: Cervantes escribe su *Don Quijote de la Mancha* en los primeros años del siglo XVII. Y es en ese mismo siglo cuando aparece la inmensa obra dramática de Lope de Vega, de la que solo quiero contaros un nombre: *Fuenteovejuna*. Ya sabéis aquello de: «¡Todos a una!». Una pieza dramática soberbia que es como un clamor contra los abusos de un malvado señor que oprime y humilla a sus vasallos. O como cuando años después, pero en el mismo siglo, otro escritor genial, que también os tiene que sonar, Calderón de la Barca, escribió otras dos obras inmortales: *La vida es sueño* y *El Alcalde de Zalamea*. ¿Y cómo no recordar ahora los versos calderonianos de *La vida es sueño* que tantas veces hemos oído recitar a nuestros padres:

¿Qué es la vida? Un frenesí.
¿Qué es la vida? Una ilusión,
una sombra, una ficción,
y el mayor bien es pequeño;
que toda la vida es sueño
y los sueños, sueños son.

Todo ello en unos tiempos en los que pintan sus mejores cuadros Zurbarán como Ribera, Velázquez como Murillo.

¿Sabéis una cosa? Que muchos de esos cuadros maravillosos los podéis ver y admirar en nuestro museo madrileño del Prado, que además ahora está remozado y es una preciosidad. Vamos, que es uno de los mejores museos del mundo. Allí podéis ver nada menos que *Las Meninas* de Velázquez, que es un cuadro fantástico, donde además podéis asomaros a la intimidad del taller de pintura del artista y de tal forma que os parece estar viviendo con él una jornada de su trabajo en pleno siglo XVII.

En ocasiones, esos cuadros maravillosos podéis contemplarlos en algún otro sitio. En museos provinciales, por supuesto, pero también en los edificios para los que fueron creados. Y entonces sí que brillan con todo su esplendor.

Haced la prueba, queridos amigos. Venid conmigo una mañana de primavera a la ciudad de Salamanca. Nos acercamos a un barrio recogido de la ciudad. A un lado tenemos el célebre palacio del Conde de Monterrey. Y enfrente, una iglesia de estilo barroco: la Iglesia de las Agustinas. Y como es buena hora, sus puertas están abiertas y podemos entrar.

Y entonces nos quedamos deslumbrados: al fondo, dentro ya del templo, presidiendo el altar mayor, vemos una soberbia pintura.

Es *La Purísima*, pintada por Ribera.

Pocas veces el genio del artista supo captar la emoción de lo religioso, de la espiritualidad más sublime como Ribera cuando pinta esta Virgen que asciende a los cielos.

¿Quiero decir con ello que estos artistas, o estos novelistas, o estos dramaturgos, creaban su obra como metidos en una urna de cristal, ajenos a las desgracias en que aparecía hundida la nación? ¡Nada de eso! En todo caso, podríamos decir que, pese a tanto desastre, cumplían con su deber, haciendo grande su grandeza. Creaban su obra que sería la maravilla del Siglo de Oro, pero no por eso dejaban de sentir y de apenarse con el dolor de aquella España suya hundida en la pobreza y en la desesperanza.

Y para que lo comprendáis mejor, para que os deis cuenta de esa mezcla de grandeza y de miseria, de heroísmo y de desolación, os voy a terminar recordando los versos inmortales de Quevedo, en los que llora la ruina de su patria.

Se trata de un soneto, y aunque por ello os pueda parecer algo largo, sus versos son tan inspirados, tan sentidos, y están tan enlazados, que no es posible olvidarse de ninguno de ellos:

Miré los muros de la patria mía
si un tiempo fuertes, ya desmoronados,
de la carrera de la edad cansados
por quien caduca ya su valentía.
Salime al campo: vi que el sol bebía
los arroyos el hielo desatados,
y del monte quejosos los ganados
que con sombras hurtó su luz al día.

Y es cuando el poeta, el gran Quevedo, al ver la ruina de su patria, resume en sus versos finales toda la gran pena que sentía:

Entré en mi casa: vi que, amancillada,
de anciana habitación era despojos,
mi báculo, más corvo y menos fuerte.
Vencida de la edad sentí mi espada,
y no hallé cosa en que poner los ojos
que no fuese el recuerdo de la muerte.

Por lo tanto, los grandes creadores del Siglo de Oro alzando su obra entre ruinas y escombros.

Pero aquel siglo tan desventurado, y al mismo tiempo tan luminoso, al fin pasó. Y llegaron otros hombres y otras mujeres, otras generaciones en suma, llenas de fuerza y deseando volver a levantar a España de tanta ruina.

Eso es lo que harían los hombres y las mujeres del siglo XVIII. Y como su tarea fue tan hermosa bueno será que lo dejemos para mañana.

¡TODOS A TRABAJAR, QUE SOMOS ILUSTRADOS!

(El siglo XVIII)

Una nueva época

Una nueva época apunta, en efecto, con el siglo XVIII. Europa entera predica la Ilustración. Y me preguntaréis: ¿Y eso qué quiere decir? Que había que extender la cultura, que las Artes y las Ciencias debían progresar y que la vida había que regirla por la razón. Es más, para que la gente estuviera al día de todos los avances conseguidos, surge la primera Enciclopedia. Y eso a buen seguro que sabéis lo que supuso, porque casi todos tendréis una en vuestras casas.

Pues bien, ese saber enciclopédico arranca de la primera enciclopedia que se publica en Francia a mediados del siglo XVIII.

Por lo tanto, los tiempos piden que España se modernice y que, puesto que la nación está en ruinas, hay que arrimar el hombro para levantarla.

Pero eso no pudo ser de inmediato. ¿Y sabéis por qué? Porque Carlos II el Hechizado murió en 1700 sin tener hijos, con lo que la primera cuestión que se planteó cuando apuntaba el siglo XVIII fue la sucesión al trono. ¿Quién iba a ser el nuevo rey de España? Podríais pensar que esa era una cuestión que tenían que resolver, a su modo, los españoles.

Pues bien, no fue así, porque las más poderosas naciones de Europa quisieron meter las narices en nuestras cosas. Y ya comprenderéis la razón, pues aunque España estaba tan en ruinas, la verdad es que la herencia que dejaba era formidable: dominios en el norte de Europa, dominios en Italia y, sobre todo, el inmenso Imperio de las Indias Occidentales (esto es, de la América hispana), sin olvidar el enclave asiático de las islas Filipinas.

Así que ya os podéis imaginar que todas las potencias vecinas se afanaron por ver lo que conseguían; a ver qué rey colocaban en el trono de España y a ver qué era lo que podían llevarse de aquel inmenso Imperio.

No os lo vais a creer: hubo hasta tres acuerdos de reparto organizados por las principales potencias: Francia, Inglaterra y el mismo Imperio; esto es, las Cortes de París, de Londres y de Viena forcejeando por ver a quién colocaban en el trono de España y a ver qué era lo que podían sacar del Imperio español.

¡Qué humillación! La España que hasta entonces había dictado su ley a media Europa, veía ahora cómo las demás naciones discutían la manera de repartirse sus despojos.

Con lo cual una cosa era cierta: la guerra. Y una guerra larga y devastadora, que duraría cerca de quince años, pues ni siquiera la Paz de Utrecht de 1713 acabó con ella por completo, dado que la lucha siguió muy viva en España hasta dos años después, como hemos de ver.

La guerra de Sucesión

Los aspirantes al trono de España eran sobre todo dos: un francés, Felipe de Borbón, y un austriaco, el archiduque Carlos de Austria.

Felipe, que tomaría el nombre de Felipe V, tenía el apoyo de Francia, y el archiduque Carlos, que se titularía Carlos III, consiguió la ayuda no solo de Austria, sino también de Inglaterra.

Y de ese modo estalló la guerra y los combates se sucedieron en Flandes, en Italia y hasta en España. Pronto se perdieron Flandes y el Milanesado, porque los ejércitos enemigos estaban mandados por grandes soldados: el príncipe Eugenio de Saboya, que conquistó Milán para el Imperio, y el general inglés Malborough, que venció en Flandes a los españoles. ¿Y quién era Malborough? Se hizo tan célebre que hasta

lo cantaban los chiquillos en la escuela, abreviando su nombre:

> *Mambrú se fue a la guerra,*
> *qué dolor, qué dolor, qué pena...*

Pues bien: ese Mambrú de las canciones infantiles, no era otro sino el célebre soldado inglés.

Mal las cosas en tierra para España, peor todavía en el mar, porque los ingleses, los muy tunos, aprovechándose de aquella ocasión y a la sombra de ser aliados del archiduque Carlos, pusieron sus barcos sobre dos puntos verdaderamente importantes y se hicieron con

ellos: Gibraltar, que les daba la llave del Estrecho, y Menorca.

De Menorca tardarían en torno a medio siglo en marcharse. De Gibraltar ya no se irían.

De ese modo, España no solo iba a perder sus dominios europeos sino que, como estáis viendo, hasta se vería invadida en la propia tierra. Y la pérdida irreparable de Gibraltar sería ya una ofensa que lastimaría al pueblo español y de la que jamás se podría recuperar.

No os voy a cansar con las mil batallas que entonces se libraron, unas a favor de Felipe V y otras a favor de su adversario el archiduque Carlos. Tan pronto estaba en Madrid uno como el otro, según la suerte de las armas.

La batalla de Almansa, cerca de Albacete en 1707, pareció decisiva, dejando ya Castilla en poder de Felipe V. Pero aun así la guerra se mantendría otros ocho años, por lo tanto prolongándose dos años después de la Paz de Utrecht, firmada en 1713. De modo que todavía seguiría atronando el cañón, porque Cataluña y Mallorca aún resistirían, negándose a obedecer al Príncipe francés. De modo que Felipe V tuvo que poner sus tropas sobre Barcelona y someterla a un duro asedio y no la ocuparía hasta un año después, tardando otro en apoderarse de Mallorca.

Al fin la paz se hizo. Pero el panorama era desolador. Los ejércitos habían entrado y salido por todas partes. A las antiguas ruinas de aquella España del siglo XVII, tan postrada, se añadían ahora las provocadas por la guerra.

Un verdadero desastre.

Había que empezar, casi desde cero, para reconstruir la patria. Y ese sería el lema de la nueva dinastía, la de los Borbones. Los cuales, como venían de Francia y como Francia parecía la nación más culta, daba la impresión de que iban a tener una misión muy concreta en España: la de modernizarla, la de ponerla al nivel del resto de Europa.

Una España sumida en la miseria, en el abandono y en la ignorancia; había que ponerla a flote y renovarla en todos los campos, y principalmente en el económico y en el cultural.

Lo cual quería decir reformas, muchas reformas, en todos los terrenos.

Y por supuesto, mucho trabajo.

Felipe V: empiezan las reformas

P or lo tanto, reformas. Y en primer lugar las políticas, lo que respondía al espíritu que animaba a la nueva dinastía. Los Borbones eran franceses y en Francia la Monarquía se regulaba por una rigurosa centralización.

De modo que, después de su victoria final, Felipe V decidió gobernar a los catalanes, que tanto se le habían resistido, *manu militare;* ya sabéis, queridos amigos, lo que eso quiere decir: bajo el mandato militar.

De entrada, prohibió el uso de la lengua catalana en los tribunales. Se abolieron los Fueros y Cataluña pasó a ser gobernada por un capitán general. Y todo se puso bajo las normas de las leyes de Castilla.

Felipe V proclamaría:

> *«En el modo de gobernarse los Reinos y pueblos no debe haber diferencia de estilo»*

Y os preguntaréis: ¿cómo lo tomó Cataluña? Ya os lo podéis imaginar: como una grave ofensa a sus tradiciones, porque era olvidar lo que marcaba la historia tan gloriosa de aquella tierra.

El reinado de Felipe V

A lo largo del siglo XVIII reinarían cuatro reyes, cuatro Borbones muy distintos. El primero, Felipe, el fundador de la dinastía, tendría un largo reinado que llegaría hasta mediados de siglo. Y cosa curiosa: reinaría dos veces.

¡Qué fuerte! Y es que a la mitad de su reinado, creyendo que podía heredar la Corona de Francia, cosa incompatible con el hecho de ser rey de España, dimitió en su hijo Luis I. Pero la maniobra le salió mal, porque su hijo falleció muy pronto, lo que obligó a Felipe V a coronarse de nuevo rey de España.

Otra circunstancia pesó más en su modo de gobernar: la distinta influencia de sus dos esposas. La primera, María Luisa de Saboya, apenas si hizo sentir su protagonismo. Pasó como una sombra. Eso sí, no sin antes darle un hijo al Rey, el que luego sería titulado Fernando VI.

Pero la segunda, una italiana, Isabel de Farnesio, era mujer de muy fuerte carácter y quiso cambiar muchas cosas. En primer lugar porque ella también tenía hijos y quería que al menos el primero, de nombre Carlos, consiguiera alguna corona.

¿Es que iba a consentir que sus hijos se quedaran a verlas venir? Aquí sus afanes maternos prevalecieron sobre los intereses del pueblo al que debía dedicarse.

Ya por entonces tanto la marina como el ejército habían sido reorganizados por eficaces ministros de Felipe V, como Campillo y Patiño. De modo que Isabel de Farnesio, ayudada por un ministro italiano al servicio de España, Alberoni, convenció al Rey para que mandara sus tropas a la conquista de Nápoles y Sicilia. Eso ocurrió hacia 1734, cuando Europa entera luchaba en la llamada guerra de Sucesión de Polonia; una guerra en la que Francia estaba metida de lleno y para conseguir sus objetivos pidió el

apoyo de España. Sería el primero de los llamados Tratados de Familia. Y fue precisamente aprovechando esa circunstancia como pudo Felipe V enviar sus barcos y sus
soldados a la conquista de Nápoles y Sicilia, consiguiendo
un éxito tan rotundo que le permitió colocar a su hijo Carlos, el primogénito de Isabel de Farnesio, en el trono de
aquellos reinos, cuando todavía era un chiquillo.

El reinado de Fernando VI

Otra cosa sería el reinado de Fernando VI, un rey casado
con una princesa portuguesa, doña Bárbara de Braganza.
Fernando VI no tendría hijos que colocar en reinos extra-
ños. Libre de esos afanes, se dedicaría a lo más importante: a gobernar España en paz y concordia.

Fue un rey verdaderamente bondadoso y ejemplar.
La pena fue que su reinado resultó muy corto: apenas

trece años. Y curiosamente no sería enterrado en El Escorial, como era la tradición regia. Es más, sería el único rey que tendría enterramiento propio en el corazón de Madrid: en la iglesia de Santa Bárbara. Y yo os animo, queridos amigos, a que vengáis conmigo, una mañana cualquiera, para visitar en esa iglesia la tumba de aquel gran rey.

Así podréis leer conmigo el epitafio de su tumba, que es bien expresivo:

> *Yace aquí el rey de las Españas Fernando VI, óptimo príncipe, que murió sin hijos, pero con una numerosa prole de virtudes patrias.*

Eso ocurría en el año 1759.

La muerte de Fernando VI, sin sucesión, hizo que la Corona recayese en su hermano Carlos, aquel que por entonces era rey de Nápoles y Sicilia.

Se iba a iniciar un nuevo reinado, bajo un soberano verdaderamente notable, que además tenía ya una larga experiencia de lo que suponía regir un Reino, después de un cuarto de siglo pasado en Italia.

Con el nuevo rey, que tomaría el nombre de Carlos III, culminaría lo que los historiadores dan en llamar el régimen del Despotismo Ilustrado.

Los primeros años del reinado de Carlos III: El motín de Esquilache

Carlos III venía de Nápoles, que ya entonces era una ciudad hermosísima y muy bien cuidada. Y cuando llegó a Madrid se quedó asombrado, porque Madrid era entonces una ciudad sucia, sin alcantarillado. ¿Lo podéis creer?

Las amas de casa, cuando hacían limpieza, tiraban la porquería de sus viviendas por las ventanas. Es cierto que lo solían hacer por la noche, cuando apenas si transitaba gente por la calle. Y además que anunciaban su obsequio con el grito alarmante:

«¡¡Agua va!!»

Y pobre del que le cogiera el chaparrón en la calle. Porque no eran solo cubos de agua sucia sino también orinales con todas sus lindezas olorosas.

Y aquel olor no era precisamente a rosas.

Carlos III y sus ministros napolitanos decidieron cambiar aquel estado de cosas. Había que corregir aquellas toscas costumbres. Había que limpiar Madrid y convertirlo en una ciudad europea.

Y eso estaba bien, pero ocurrió que además uno de sus ministros napolitanos, de nombre Esquilache, dio en que también había que trocar la indumentaria de los madrileños, que parecían disfrazados con sus largas capas y con enormes sombreros. Cierto que aquella indumentaria les hacía parecer gente de los bajos fondos, pero ellos se resistían porque no querían abandonar sus costumbres y acaso también porque les venía bien si les sorprendía la lluvia de un orinal lanzada por la mano de una mujer descuidada.

Así las cosas, Esquilache lanzó un pregón prohibiendo aquella vestimenta. E hizo más: mandó que los guardias, armados de tijeras, recortasen las capas madrileñas y que despojasen de sus grandes sombreros a todos los que pillasen en la calle.

Y aquello fue demasiado. Sucedió, además, que aquel año (que era el de 1766) los precios se habían disparado y la pobre gente apenas si tenía dinero para comprar pan. Los madrileños tenían hambre y el hambre es mala consejera. Así que, cuando se vieron tan maltratados, además con aquellos guardias que les desgarraban sus capas y les quitaban de un manotazo sus sombrerotes, no lo pudieron aguantar. De modo que un profundo malestar fue adueñándose de ellos para acabar estallando en un formidable motín.

Y ya sabéis lo que es eso: gente enfurecida que se enfrenta con las autoridades y que, perdido todo control, acaba rompiéndolo todo, e incluso haciendo hogueras con todo lo que encuentran en la calle.

Tal ocurrió el 23 de marzo de 1766. Los amotinados, furiosos, se pusieron en marcha contra la casa del odiado ministro Esquilache. Y de allí marcharon al Palacio Real. Y eran tantos y daban tantos gritos de cólera que asustaban a cualquiera.

Los primeros asustados fueron los Reyes, Carlos III y su mujer María Amalia de Sajonia, los cuales, con sus hijos el Príncipe de Asturias y los infantes, corrieron a todo correr a refugiarse al Sitio Real de Aranjuez.

Nunca se había visto caso semejante. ¡El pueblo alzado contra su Rey, por culpa de un torpe ministro extranjero! Carlos III tuvo que destituir a Esquilache, y renunciar a cambiar las costumbres de los madrileños.

De todas formas lo acabaría tomando con humor. Diría:

> *«Los madrileños son como niños: lloran cuando se les lava la cara»*

En todo caso, lo cierto es que bajo Carlos III se hicieron grandes mejoras en la ciudad: el alcantarillado, por supuesto, y un servicio de limpiezas urbano que despojó a Madrid de sus malos olores. Y además bonitos paseos, como el del Prado, entre Cibeles y Neptuno. Y monumentos muy importantes. La Plaza Mayor era una herencia del siglo XVII, pero el Palacio Real, reedificado de nueva planta después de que un gran incendio abrasase el antiguo Alcázar en 1734, se empezó a construir bajo Felipe V y se terminó bajo el reinado de Carlos III; unas obras dirigidas por el arquitecto italiano Sabatini, cuyo nombre todavía se recuerda en los jardines que lo circundan.

Pero sobre todo hay un momento emblemático que nos recuerda siempre al gran Rey: la espectacular Puerta de Alcalá, cuya majestuosidad ha inspirado a poetas y hasta a cantautores. ¿O es que no conocéis la canción de Ana Belén y Víctor Manuel *La puerta de Alcalá?* Así que ya comprenderéis por qué el público madrileño acabó diciendo de su Rey:

«¡¡Carlos III, el mejor alcalde de Madrid!!»

También la alta nobleza se incorpora a ese afán de embellecer la capital, construyendo sus palacios; sin duda, el más famoso el Palacio de Liria, mandado alzar por la Casa ducal de Alba en la calle Princesa.

Queridos amigos: no os voy a menudear más sobre las maravillas que podéis ver en Madrid, muchas de ellas que arrancan de aquel siglo XVIII; pero al menos debo citaros otra: el Jardín Botánico. ¿Y por qué? Porque es un jardín muy particular, muy especial, que ahora seríamos incapaces de plantar los españoles. Porque alzándose en la época en que aún teníamos aquel Imperio en Ultramar, tanto en las dos Américas como en pleno océano Pacífico y en el lejano oriente con las Filipinas, los científicos españoles pudieron hacer, y lo hicieron, una recogida de plantas a cual más extraña y más singular, propias de regiones tan distantes y tan dispares. Y el resultado fue ese jardín botánico que ya en el siglo XVIII pudieron admirar los madrileños en el Paseo del Prado y que sigue siendo un parque único en toda España.

Para que veáis que los hombres del siglo XVIII, sobre todo durante el reinado de Carlos III, no perdieron el tiempo. Se dijeron unos a otros:

«España está medio en ruinas. ¡Vamos a trabajar!»

Y lo hicieron de tal modo que nuestra gratitud hacia ellos tiene que ser inmensa.

Y como Carlos III fue tan gran rey, bueno será que hagamos su elogio, como en su día lo hizo Jovellanos. Porque Carlos III se preocupó de mejorar la vida de sus súbditos, de que la nación prosperase en todos los terrenos: en el económico como en el social y en el cultural. Supo rodearse de buenos ministros y les dio todo su apoyo.

Unos ministros que debéis recordar, porque gracias a ellos se transformó aquella España, tan atrasada a fines del siglo XVII y que ahora parecía revivir. Además tenían nombres tan lindos que son fáciles de recordar. Así, Floridablanca, un murciano de gran talento. Así también Aranda, que era aragonés. Y sin olvidar a un asturiano, Campomanes, al que Carlos III hizo nada menos que Presidente del Consejo Real.

Una de las pruebas de que el Reino cada vez estaba mejor gobernado la tenemos en el esplendor demográfico de la nación; esto es, en el crecimiento de su población, que en el reinado de Carlos III ya sobrepasa los diez millones de habitantes cuando a principios de siglo apenas si contaba la mitad. La economía se revitaliza. Nuevas plantas traídas de América benefician a la agricultura, en especial el maíz y la patata; el maíz ya se había sembrado en el siglo XVII, pero es ahora cuando tiene su mayor desarrollo. Y eso beneficia no solo a la población sino también al ganado, en especial el vacuno. Ya no se pasan las terribles hambrunas del siglo anterior. Unas mejores comunicaciones entre los pueblos hacen que el comercio se acelere. Desaparecen las guerras interiores e incluso se colonizan algunas zonas antes abandonadas, refugio de salteadores y bandidos; eso es lo que ocurriría con los pasos de Sierra Morena, donde la Administración llevará a colonias de alemanes para repoblar aquel territorio, hasta entonces abandonado, con lugares como La Carolina.

En conjunto, un aire de prosperidad creciente se respira en todo el país.

Y si eso ocurría en el interior meseteño, más aún en el exterior costero, con una medida verdaderamente importante: la apertura del comercio de Ultramar a todos los puertos hispanos; un comercio que hasta entonces había sido monopolizado por Sevilla primero y después por Cádiz.

¡Qué fuerte! Querer controlar todo el comercio con Hispanoamérica y con Filipinas a través de un solo puerto.

¿Y por qué Cádiz y no Málaga, La Coruña o Santander, Barcelona o Valencia? Eso hacía que Cádiz se viese desbordado mientras que los demás puertos de la costa española, del norte como del sur o de levante, vivieran una vida lánguida y desmayada.

El cambio se notó inmediatamente. Especialmente en los puertos del norte, desde La Coruña hasta San Sebastián, la transformación fue formidable. Eso ocurrió a partir de 1778.

Todo eso en buena medida como obra de aquellos ministros impulsores de la economía y del desarrollo general del país. Pero lo cierto es que fue también un cambio social, un cambio de mentalidad. A la impresión de que España era la gran derrotada, caída en la postración y en el abandono, sucedió una sensación de que todo el mundo tenía que ponerse a trabajar para mejorar aquel estado de cosas. De modo que hasta se organizaron por todas partes unas sociedades en las que los vecinos más ilustrados se reunían para discutir cómo habían de mejorar las cosas. Y esas sociedades tan benéficas tuvieron un nombre bien significativo: *Sociedades económicas de ami-*

gos del país. La primera fue la *Vascongada*, fundada en Vergara por el conde de Peñaflorida en 1763, pero su ejemplo pronto fue imitado por el resto de España. Y la que cogió verdadero auge e importancia fue la madrileña *(Sociedad Económica Matritense)*.

La política exterior

No nos fueron tan bien las cosas en la política exterior. Los reyes españoles de la Casa Borbón, creyéndose como los parientes pobres del tronco principal, los Borbones franceses, siguieron a lo largo de todo el siglo una política exterior marcada por su subordinación a Francia. Y eso reflejado en los Tratados de Alianza, que llevaron el significativo nombre de *Pactos de familia*. Y eso sí que fue fuerte, porque no fueron ni uno ni dos, sino tres los firmados con ese nombre. Y el tercero por el propio Carlos III, en 1761, a poco de venir a España como nuevo Rey de los españoles. Entonces andaba Europa Occidental, y casi el mundo entero, enzarzado en una guerra que se conoce por el tiempo que duró: *La guerra de los siete años*. Podéis pensar que no fueron tantos, ya que estáis acostumbrados a oír otras mucho más largas, como la que asoló Europa en el siglo XVII durante tanto tiempo que se llamó *La guerra de los treinta años*; pero lo notable de la guerra de los siete años fue lo que se debatió en ella: el dominio del mar. Pugnaban entre sí dos grandes potencias: Inglaterra y Francia.

Los dos pueblos habían puesto su pie en tierras tan lejanas como Canadá, que ya sabéis que es el país más al norte de América, y como la lejanísima India. Y en esa lucha, Francia, sintiéndose inferior a Inglaterra en el mar, pidió ayuda a España.

Y la España de Carlos III se la dio, pero con tan mala fortuna que nuestros barcos fueron vencidos por los ingleses con pérdidas tan dolorosas como La Habana, esa hermosa capital de Cuba, y como Manila, en el corazón de las Filipinas.

Menos mal que en la Paz de París, que acabó con aquella guerra, Inglaterra nos devolvió las dos. ¿Acaso porque habíamos intentado en vano recuperar Gibraltar?

Pero lo más fuerte estaba por venir, porque diez años más tarde los colonos norteamericanos se alzaron contra Inglaterra proclamando su independencia. Aquello fue una especie de guerra civil entre ingleses de un lado y otro de los mares, lo que debilitó notoriamente a Inglaterra: ya os podéis imaginar que Francia, que estaba tan dolorida por la derrota que había sufrido, habiendo sido arrojada tanto de Canadá como de la India, vio la oportunidad de desquitarse. Así que apoyó a los rebeldes con todas sus fuerzas.

Y el resultado ya lo sabéis: la independencia de los Estados Unidos de América.

Había nacido una formidable nación con un espléndido futuro ante sí. ¿Y cuál fue la postura de España? Porque la España de Carlos III tenía asimismo cuentas atrasadas con Inglaterra. No solo los ingleses tenían ocupado Gibraltar sino también Menorca. Y eso sí que era doloroso para España. De forma que apoyar a Norteamérica era una oportunidad para vencer todos juntos a Inglaterra y recuperar lo perdido.

¿Así de sencillo? Pues no, queridos amigos, porque había un problema inevitable: que apoyar a unas colonias en su rebelión frente a la metrópoli era dar un mal ejemplo a todo el Imperio español de Ultramar; por lo tanto, aquello había que pensarlo dos veces.

Y en definitiva, ¿qué se hizo? Porque los norteamericanos mandaron a la Corte de Madrid a un embajador extraordinario, nada menos que a Franklin. Y no me digáis que no sabéis quién fue Franklin, porque no me lo puedo creer.

Haced un poco de memoria, porque estamos ante un gran científico y un gran inventor: el que descubrió el pararrayos que a partir de entonces salvó tantas vidas.

Pues bien, Franklin vino a Europa para pedir ayuda tanto a las Cortes de París como de Madrid. Y los franceses respondieron generosamente, mandando hasta un ejército y por supuesto a su marina. Y el resultado fue la derrota decisiva de los ingleses en aguas de Yorktown (1781).

Los españoles, por su parte, declararon la guerra a Inglaterra. Fue entonces cuando se recuperó Menorca,

aunque fueron inútiles todos los esfuerzos para tomar Gibraltar.

Aun así, es importante que os deis cuenta de lo que sucedió en aquella ocasión, porque desde entonces Menorca volvió a ser española. De modo que si alguna vez viajáis a esa hermosa isla, ya sabéis por qué seguís estando en España. Gracias a Carlos III.

Ahora bien, cuando murió el gran Rey en 1788 las cosas comenzarían a cambiar.

Un panorama sombrío amenazaría España con el nuevo Rey, Carlos IV.

La ruina del sistema: el reinado de Carlos IV

Que la muerte de Carlos III suponía una gran desgracia para el país se presentía por no pocos. De hecho, uno de los jóvenes ministros de más claro porvenir, Jovellanos, iba a tener un discurso: su *Elogio de Carlos III,* que pronunciaría en la Sociedad Económica Matritense poco antes de la muerte del gran rey y en el que apuntaba que una de sus mejores habilidades había sido que lo había dejado todo tan bien organizado que cuando le sucediera su hijo Carlos IV nada había de cambiar, y el progreso por él impulsado seguiría igual o mejor.

Era como un afán, un deseo de que las amenazas que se vislumbraban sobre España pudieran ser evitadas.

Pero para ello, en aquella Monarquía que se conocía con el nombre de Despotismo Ilustrado, en la que tanto papel tenía la figura del monarca, hubiera hecho falta que Carlos IV heredase, además del trono, las condiciones

morales y el buen sentido del gobierno que habían caracterizado a su padre Carlos III.

Pero no fue así. Carlos IV era un hombre de pocas luces que se dejaba gobernar por su mujer, María Luisa de Parma, que no era precisamente un dechado de virtudes. La Reina dio en encapricharse por un guapo mozo de la Corte, de nombre Godoy, al que dio todo su favor y al que hizo ascender desde los puestos más modestos hasta la cumbre de la política y aun de la nobleza, haciéndole casar con una dama de la alta nobleza castellana.

Y lo que fue peor: aquel personaje, aquel nuevo ministro aupado a la cumbre, aquel Godoy carecía por completo de talento y de cultura, de manera que toda su ambición se cifraba en mantenerse en el poder, como si fuera el verdadero rey de España. Hasta el palacio que se mandó construir cerca del Paseo del Prado, rodeado de jardines, parecía querer rivalizar con el Palacio Real.

Y lo peor estaría aún por llegar, porque en Francia los acontecimientos políticos se estaban produciendo a una velocidad de vértigo con daño de la Monarquía. Y eso en fechas similares a lo que estaba ocurriendo en España.

Y ahora sí que conviene, queridos amigos, que os fijéis en estos años: en el otoño de 1788 muere Carlos III. Y en la primavera de 1789 el pueblo de París inicia su revolución contra la Monarquía de Luis XVI y de la impopular reina María Antonieta. El asalto a La Bastilla, la fortaleza real alzada en el centro de París, se produce en el verano de 1789.

Eso quiere decir que a principios del reinado de Carlos IV, en la vecina nación de Francia todo el viejo sistema político se está desmoronando. Ahora bien, Francia había sido el centro de la gran cultura europea del siglo XVIII. Basta con que recordéis algunos nombres verdaderamente destacados: Montesquieu, el pensador político que había tratado de fijar cuál debía ser el equilibrio de los grandes poderes públicos: el ejecutivo, el legislativo y el judicial. Y que en aquel gran siglo francés había escrito toda su obra el patriarca de la cultura europea de aquel siglo: Voltaire. Y en fin, que es a fines de ese periodo cuando en Francia destaca ya otro gran pensador político y social: Rousseau.

Pues bien, ¿cuál había sido el resultado? Que el pueblo deseoso de novedades y sin duda presionado por una penuria creciente, cuando el hambre afligía a las capas más humildes de la población parisina, todo ello provocase el estallido de la gran revolución. Y eso cuando los Estados Generales convocados por el Rey exigían al monarca mayores poderes políticos.

Pronto se supo en España que los reyes de Francia estaban como prisioneros de su pueblo y que era de temer lo peor. Y dado que todo ello parecía como el resultado de las ideas puestas en marcha por los ilustrados, la Corte de Carlos IV reaccionó, mirando con recelo a las grandes figuras del movimiento ilustrado español.

Los conflictos internacionales

El evidente deseo de los reyes españoles de la dinastía Borbón, a lo largo del siglo XVIII, fue refugiarse a la sombra del gran poderío de Francia.

Ahora bien, ese panorama iba a cambiar radicalmente con la Revolución Francesa, iniciada en 1789. De entrada, la revolución se fue radicalizando hasta llegar al destronamiento de Luis XVI y de su mujer María Antonieta.

Y no solo destronados, sino también presos y degollados. El propio rey, Luis XVI, sería ejecutado en 1793 por el nuevo sistema impuesto por la revolución: cortándole la cabeza con la guillotina. Su mujer, la reina María Antonieta, no sufriría mejor suerte. Y como el pacto de los Borbones españoles con Francia se realizaba en la cumbre, los ministros de Carlos IV, y en particular Floridablanca, y el propio Aranda, llegaron a la conclusión de que se imponía la guerra con Francia.

Ya para entonces Godoy estaba dirigiendo los destinos de España.

Y los Reyes y Godoy se dijeron:

«No podemos consentir lo que les está ocurriendo a los reyes de Francia. ¡Eso es una indignidad!».

Y de ese modo, como protesta contra la acción de los revolucionarios franceses, España declaró la guerra a Francia.

Era una especie de guerra santa. ¿Se había visto locura mayor? ¡Alzarse un pueblo contra sus legítimos reyes, ponerles la mano encima, apresarles e incluso llevarles al cadalso!

La gente estaba conmocionada en toda Europa. Y claro, en España también. De manera que aquella guerra tuvo algo de popular. Fueron muchos los voluntarios que se incorporaron a las tropas españolas que entraron por el Rosellón para combatir a los que se tenían por desalmados franceses; unos revolucionarios que, para decir a la Europa entera que la revolución en Francia ya no la paraba nadie, les arrojaba la ensangrentada cabeza de sus Reyes.

¡Qué horror!

De modo que la guerra se hizo inevitable entre las dos naciones, hasta entonces tan amigas y tan aliadas. El ejercito español encontró un gran soldado para acometer esa campaña: el general Ricardos.

Pero a la muerte de Ricardos la guerra enlanguideció y al final España negoció la paz.

Sería la Paz de Basilea, firmada en 1795, que no nos saldría gratis, porque tuvimos que ceder a Francia la isla de Santo Domingo.

Y aquello fue un dolor, porque Santo Domingo tenía un sentido especial para la Monarquía española como la primera colonia fundada por Colón en tiempos de los Reyes Católicos. La misma capital, Santo Domingo, era, de hecho, la primera de las ciudades que España había levantado en América.

De ese modo puede decirse que se cerró el siglo XVIII en política exterior. Se había producido una poda feroz en el viejo árbol de la Monarquía hispana. A principios de siglo, con la Paz de Utrecht, España se había visto despojada de todas sus posesiones en Europa: de Flandes como del Milanesado; de Nápoles como de Sicilia y Cerdeña. Es cierto que de la pérdida de Flandes se consoló pronto, porque había sido un quebradero de cabeza en los siglos anteriores. Pero no de sus dominios en Italia y en particular de Nápoles.

De ahí aquella expedición militar española mandada por Montemar que había puesto a Carlos III en el Reino napolitano.

Pero esas no eran las únicas pérdidas sufridas. También se habían perdido, en la misma España, Gibraltar y Menorca, y en América las islas de Trinidad y de Santo Domingo. Es cierto que en 1783 recuperamos al menos Menorca, pero pocos años después, ya bajo el reinado de Carlos IV, se decide el abandono de Orán (1791). ¡Y se trataba de aquella plaza norteafricana que con tanta ilusión había logrado para España nada menos que el cardenal Cisneros, a principios del siglo XVI! Esto es, cuando ya Orán llevaba casi trescientos años vinculada a España. ¿Estamos ante un signo de impotencia? ¿España empezaba a encerrarse en sí misma, dudosa de sus fuerzas y de su protagonismo en el mundo?

Acaso era como una intuición, porque ya estaba en marcha la Revolución Francesa, que casi se había dado la mano con la norteamericana. Y ambos acontecimientos eran de tan formidable magnitud que iban a conmocionar al mundo.

A partir de ese momento nada sería igual. Nuevas potencias, verdaderos gigantes, se alzaban en el horizonte, tanto en Europa como al otro lado de los mares. En Europa: Francia, Inglaterra y Rusia. En Ultramar, aquellas antiguas trece colonias inglesas que se habían dado a sí mismas el nombre de Estados Unidos de Norteamérica.

Y además con la aparición de un soldado excepcional, de un rayo de la guerra surgido en Francia y que iba a continuar, espada en mano, la formidable acción de la Revolución Francesa por toda Europa: Napoleón.

Todo eso es lo que se avecinaba. España tendría que hacer frente a esas amenazas y a esos retos desde los primeros años del siglo XIX.

De forma que sobrevendrían unas jornadas tan terribles que mejor será que las dejemos para mañana.

Eso sí, no sin antes reflexionar sobre lo que hicieron los hombres del siglo XVIII tanto en las Letras como en las Artes y, por supuesto, en las transformaciones económicas y sociales.

La Ilustración en España

Bien sabéis, queridos amigos, que el siglo XVIII en Europa entera se distinguió por ser el de la Ilustración. Con ello se hace referencia a un afán, que surge por todas partes pero sobre todo en la Europa Occidental, por elevar la cultura y hacer más racional la existencia. Por lo tanto, la obra en primer lugar de grandes escritores. Eso los sabéis muy bien: fue el siglo de Voltaire, en Francia, y de Goethe, en Alemania.

Fue un siglo y un empuje cultural formidable, no solo en las Letras y en las Artes, sino también en las Ciencias y la Filosofía, de modo que en ese siglo llevarían a acabo su gran obra tanto un inglés como Newton, el descubridor de la gravitación universal, y como un alemán de la talla de Kant, que sería uno de los grandes filósofos de todos los tiempos.

Y también un siglo de músicos fantásticos, sobre todo en tierras germánicas: Sebastian Bach, Amadeus Mozart e incluso, ya entre siglo y siglo, el genial Beethoven.

Y en un movimiento ilustrado tan espectacular, ¿qué hizo España? ¿Con qué figura nos encontramos? No demasiadas, esta es la verdad. Diríase que el agotamiento de la nación, a fines del siglo XVII y aumentado con la guerra de Sucesión a principios del siglo XVIII, había dejado a España postrada y sin fuerzas. Y que, quizá por ello, lo primero que se pensó fue en rehacer el país. Las maravillas de las Artes y las Letras tenían que quedar aplazadas, porque primero había que sobrevivir.

Ya sabéis la frase de los antiguos:

«Primum vivere!»

Pues con la Ilustración había venido también un sentido crítico de la existencia. Todo se había puesto bajo el examen de la razón, rechazándose lo que no pareciera lógico y aceptable, por mucho que hubiera sido venerado por los tiempos anteriores.

Y en ese espíritu crítico sí que destacó una figura española, un fraile benedictino que llegó a ser profesor de la Universidad de Oviedo: el padre Feijoo. Y ese fraile, desde su celda monacal ovetense, escribiría tales libros que le harían famoso en España entera, ayudando a pensar sobre todas las cosas y a luchar contra la ignorancia de las gentes.

Y eso, amigos míos, fue muy importante.

También fue en aquel siglo cuando escribió sus divertidas fábulas Samaniego, que tantas veces habréis oído contar a vuestros padres, como la de la zorra que al no poder alcanzar, salto tras salto, las uvas que colgaban de un parral, se consoló diciendo: «No las quiero comer. No están maduras».

Ahora bien, nuestros creadores, tanto en la Poesía como en la Novela o en el Teatro, no lograron obras magistrales. Así, Meléndez Valdés en la Poesía, como Moratín en el Teatro, no pasaron de ser unas figuras secundarias, si las comparamos con lo que España hizo en esos campos tanto en el Siglo de Oro como en la posterior Edad de Plata, como ya veremos.

Pero hubo un sector, un campo, un territorio siempre abonado para que brillara el genio español: el de las Artes. Ya en la Escultura alguien como el murciano Salzillo dio muestras de su grandeza. Yo os aconsejo que cuando vayáis a Murcia visitéis el museo de su nombre, que es verdaderamente precioso.

Sería en la Pintura donde España, a fines del siglo XVIII y entrando con fuerza en el siglo XIX, daría un pintor de talla universal: Francisco de Goya. Y aunque su obra más impresionante haya que situarla en el siglo XIX, al hilo de los terribles acontecimientos desencadenados con motivo de la invasión napoleónica, también podemos recordar al Goya del siglo XVIII por sus cuadros luminosos, tanto recogiendo estampas populares como escenas de la Corte. Porque la fama de Goya fue tan grande que enseguida se convirtió no solo en el pintor del pueblo, sino también en el pintor de la Corte. Y si vais al Museo del Prado, que claro que debéis de ir y claro que seguro que lo haréis más de una vez, podréis ver allí cuadros tan fantásticos como *La familia de Carlos IV*, en el que están el Rey y la Reina con todos sus hijos. O bien el de un político tan notable como Jovellanos, cuadro en el que Goya volcó toda su inspiración haciendo una verdadera obra maestra.

Pero también, como antes os he dicho, con cuadros como las dos majas, la desnuda y la vestida, o como aquellos en los que recoge escenas populares: *El vuelo de la cometa*, *El cacharrero* o *La boda del mulato*.

En fin, con Goya apuntando ya todo su genio a finales del siglo XVIII, España vuelve a decir al mundo que si ha perdido su gran fuerza política y militar, sigue teniendo un impresionante protagonismo en el mundo de la cultura.

Por decirlo con otras palabras: España seguirá siendo potencia de primer orden tanto en las Artes como en las Letras.

Y ese podría ser, queridos amigos, el resumen sobre aquel siglo XVIII en el que parece que la consigna general del pueblo español fue:

«¡Todos a trabajar, que somos ilustrados!»

Es verdad que aquella España que alzaron con tanta ilusión, y que levantaba otra vez orgullosa su cabeza para reclamar el protagonismo que le correspondía en Europa, se iba a ver metida en una aventura tan tremenda que sería como una terrible hoguera que todo lo consumiría. Que tal sería la guerra de la Independencia contra el ejército de Napoleón.

Algo de lo que tendremos que hablar, y no poco, en los próximos días.

¡QUÉ FUERTE! SE CABREA NAPOLEÓN Y NOS INVADEN LOS FRANCESES

(El siglo XIX)

Carlos IV renuncia al trono

El final del siglo XVIII dejó atrás la Ilustración. En vano figuras como Jovellanos, uno de los patriotas españoles más cultos y más honestos, trataron de seguir sus directrices. Las terribles jornadas del Terror en Francia, con la ejecución de los reyes Luis XVI y María Antonieta, habían puesto pavor en la Corte española. Una corriente reaccionaria achacó esos males a la excesiva apertura impulsada por los ilustrados.

Los reyes Carlos IV y María Luisa, llevados de la mano de Godoy, en principio llamaron a Jovellanos, cuyo gobierno moderado era como una esperanza; pero al cabo de unos meses no solo le apartaron del poder sino que incluso lo encerraron en un castillo.

¡Toma! Así se las gastaban los reaccionarios.

De hecho, Godoy volvió a tomar el poder. Y como tenía tanto miedo a Napoleón no dudó en pactar con él.

Para entonces Napoleón se había convertido en Emperador de Francia y planeaba nada menos que la invasión de Inglaterra. Para ello, desplegó su ejército en las costas del norte de Francia.

Pero esas tropas tenían que cruzar el mar (el paso de Calais). O lo que es lo mismo: tenían que vencer a la marina inglesa.

Una marina que estaba mandada por uno de los almirantes más grandes de todos los tiempos: Nelson.

Como los barcos franceses no podían medirse con los ingleses, Napoleón exigió a su nuevo aliado, Godoy, que la marina española se incorporase a la francesa. Aun así, el resultado fue la tremenda derrota de Trafalgar, donde España perdió casi todos sus barcos y a los mejores de sus marinos, como Churruca y Gravina.

Estamos en 1805. Por entonces, las intrigas en la Corte española eran constantes. El príncipe de Asturias, Fernando (el que luego sería rey con el nombre de Fernando VII), intrigó contra Godoy. Y el favorito de los Reyes reaccionaría persiguiendo a los partidarios del Príncipe (Proceso de El Escorial). Pero el pueblo, descontento, empezaría a agitarse contra el valido. Surgen tumultos populares y sobre todo el Motín de Aranjuez.

Era cuando Napoleón, en aquellos primeros años del siglo XIX, preparaba su plan de dominio de España. A la sombra de la alianza firmada con Godoy, las tropas francesas empiezan a penetrar en la Península. Y llegan incluso hasta Madrid, al tiempo que Napoleón llama a los reyes Carlos IV y María Luisa para tener una entrevista con ellos en Bayona.

Fueron unas jornadas humillantes. Carlos IV acabó aceptando la protección de Napoleón y un retiro pacífico, a cambio de renunciar a la Corona y de ceder sus títulos regios a favor de José Bonaparte, hermano de Napoleón. Y de ese modo, José Bonaparte se convertiría en el nuevo rey de España, con algunos pocos seguidores a los que el pueblo llamaría *afrancesados*.

¿Era eso posible? ¿Podían los españoles admitir aquella venta humillante del trono hecha en la cumbre por los políticos?

¡No! Por lo tanto, se imponía la guerra. Pero la guerra total, en la que nadie quedaba excluido. No solo ejércitos contra ejércitos, sino de todo el pueblo, alzado en armas contra el invasor.

La guerra de la Independencia

¿**S**abéis lo que ocurrió? Estamos a principios del siglo XIX, en 1808. De pronto, el alcalde de Móstoles, un pequeño pueblo cercano a Madrid, se atrevió a lanzar una proclama a toda España:

«*¡Españoles! La patria está en peligro*»

¿Cómo era eso? ¿Qué había alarmado tanto a aquel rústico alcalde pueblerino? La noticia de que el pueblo de Madrid se había alzado contra las tropas francesas que habían ocupado la capital. Y él, Andrés Torrejón, que no tenía más título que Alcalde de un pequeño pueblo castellano, se atrevía a declarar la guerra nada menos que a Napoleón, el Emperador de Francia que había vencido a los reyes y emperadores de Europa entera.

¡Qué fuerte! Podría parecer un puro disparate, una osadía insensata, pero lo cierto es que así empezó la guerra de la Independencia contra Napoleón.

Para entonces, las tropas francesas iban penetrando en España y ocupando sus primeras plazas, como Barcelona o como Zaragoza o como Pamplona. O incluso Madrid.

Eran miles y miles de franceses. Constituían el mejor ejército de aquella época, el que había vencido a rusos y austriacos, alemanes e italianos.

Parecían invencibles.

Y al frente de ellos un soldado valiente, pero rudo y hasta cruel: Joaquín Murat.

Y así las cosas, el pueblo madrileño, que estaba un poco mosca de ver tanto soldado francés paseándose arrogantemente por la Puerta del Sol y por las calles y plazas del centro de Madrid, empezaba a murmurar. ¿Se podía tolerar tanta impertinencia? Cierto es que aquellos bravucones estaban formidablemente armados. Incluso había entrado en Madrid la caballería que Napoleón tenía por favorita: la de los mamelucos, formada por jinetes musulmanes que llevaban ostentosamente su turbante en la cabeza.

¡Y eso sí que era bueno! Que en el corazón de la tan católica España, en aquel Madrid que había regido al mundo con Felipe II, ahora aquellos mamelucos del turbante en la cabeza se atreviesen a mirar despectivamente a los madrileños y hasta a tocarle el culete a las madrileñas.

¿Se podía tolerar tamaña afrenta? Y cuando los ánimos de los madrileños se iban encendiendo cada vez más y más en sorda cólera contra aquellos intrusos, les llegó la noticia que acabó con su paciencia:

«*¡Que se llevan de España a los Infantes!*»

Y era cierto, pues los otros miembros de la familia real que todavía quedaban en Madrid eran sacados de palacio y metidos en carruajes custodiados por la caballería francesa.

Aquello parecía un secuestro. Era como el espectáculo de la ruina de una nación.

Y Madrid no lo consintió.

De pronto, de todas las casas, de todos los rincones, echándose a la calle a cientos y cientos, hombres y mujeres de cualquier edad, armados y provistos con las armas más elementales (palos, navajas, algún que otro pistolón y por supuesto piedras y agua hirviendo que tiraban desde las ventanas) se lanzaron a desigual combate, incluso contra los mamelucos, descabalgándolos de sus caballos. Una acción tan temeraria que Goya, testigo de ella, recogería en una de sus obras inmortales que hoy podéis ver en el Museo del Prado.

Porque tendréis que ir a ese museo, para recordar aquellos terribles sucesos. Pues los franceses, pasada la

primera sorpresa, reaccionaron con todo su poderío. Cercaron a un grupo de soldados españoles que se habían hecho fuertes en el Parque de Artillería de Monleón, en el corazón de la ciudad. Allí lucharon con gran valor los capitanes Daoíz y Velarde y el teniente Ruiz con algunos soldados, prefiriendo morir antes que rendirse al invasor. ¿Y sabéis qué? Que en esa parte de Madrid los nombres de las calles nos recuerdan ahora a todos aquellos héroes.

Eso ocurrió el 2 de mayo de 1808. Al día siguiente, Murat, el jefe de los franceses, mandó fusilar a cientos de prisioneros en la Moncloa. Y Goya pudo ver aquella noche los cuerpos sin vida de aquellos desventurados. Y así, estremecido, cogió su pincel y pintó otro cuadro inmortal que también está en el Museo del Prado: *Los fusilamientos del 3 de mayo.*

Y aquella matanza fue la que indignó al sencillo alcalde de Móstoles, no dudando en lanzar su grito de guerra contra los franceses.

Un grito de guerra que se oyó en toda España y que puso en marcha, de forma desordenada al principio pero en definitiva mostrando la firme voluntad de combatir por su libertad, a todas las provincias.

Y una de las primeras, Asturias, que organizó su Junta de Defensa y que se puso en contacto inmediatamente con Inglaterra para buscar su apoyo en aquella lucha desigual contra los franceses. Fueron años de guerras continuas, de calamidades sin cuento: pueblos incendiados, combates sangrientos, marchas y contramarchas de los ejércitos enemigos y aliados por los campos de toda España, desde el norte hasta el sur, desde levante hasta poniente. Y no solo por ejércitos regulares, sino también por partidas armadas, *los guerrilleros,* que tendían emboscadas a los franceses, dirigidas por algunos tan famosos como Juan Martín, *el Empecinado,* Francisco Espoz y Mina, Julián Sánchez, *el Charro,* el feroz cura Merino.

Una guerra memorable por algunos sucesos verdaderamente heroicos: la victoria de Bailén, ganada por el general Castaños, que fue la primera derrota que tuvo el ejército de Napoleón en España; los terribles sitios de Zaragoza y Gerona, ciudades defendidas por los generales Palafox y Álvarez de Castro; pero también por el pueblo, con un valor increíble, luchando incluso las mujeres, como sería el caso de la famosa Agustina de Aragón en Zaragoza.

Y como consecuencia, el aceleramiento de un proceso inevitable: la independencia de nuestros dominios americanos, como México y toda América del Sur, desde Venezuela hasta Argentina; de forma que solo nos quedarían Cuba, Puerto Rico y, en el Pacífico, Filipinas, perdidas después en el desastre de 1898 que tendremos que comentar.

Las Cortes de Cádiz

La guerra de la Independencia haría entrar a España por unos nuevos derroteros, curiosamente en cierto sentido por influencia de la misma nación invasora.

Así, la primera Constitución que recibiría el pueblo español sería la otorgada por el nuevo Rey, José Bonaparte, que llevaba por título *La Carta de Bayona*, inspirada en la Constitución francesa de 1791 y, en general, en los principios de la Revolución Francesa con su declaración *De los derechos del hombre* proclamados en 1789.

Y ahora un detalle que debéis tener en cuenta para que no os llamen ignorantes: esa misma declaración francesa de los derechos del hombre estaba inspirada en la que habían hecho los colonos norteamericanos en su rebelión contra Inglaterra trece años antes (en 1776).

En definitiva, lo que se ventilaba es que por todas partes corrían aires nuevos de libertad. Las horas de las monarquías absolutas estaban contadas.

Y ello empezando por la sustitución del fundamento religioso, como base del poder político, por el racional. Ya no valdría aquello de que los reyes lo eran por la gracia divina. La nueva fórmula sería:

El principio de toda soberanía reside esencial-mente en la Nación.

Pues bien, las Cortes españolas convocadas por la Junta Central de Defensa en Cádiz, cuando todavía tronaba el cañón en la guerra contra los franceses, también declararían en su primer título:

La soberanía reside esencialmente en la Nación.

Era toda una revolución, máxime si se tiene en cuenta otra serie de normas que se proclamaron, en especial la supresión de los señoríos y de la Inquisición.

La supresión de los señoríos produjo un cambio tremendo en la sociedad española, pues miles de lugares gobernados por señores y habitados por vasallos rompían aquellos lazos: los antiguos señores perdían su poderío y los vasallos se convertían en hombres libres.

En cuanto a la supresión de la Inquisición no era sino dar un carpetazo a una institución prácticamente en desuso y que resultaba odiosa a casi todos hasta por su mismo nombre.

De ese modo, las Cortes de Cádiz promulgaron en 1812 la primera Constitución española. Y fijaos en este detalle, tan divertido: como eso se hizo el 19 de marzo, que como sabéis es la festividad de San José, y dado que la Constitución podía representarse por una mujer, el pueblo la tituló con este simpático grito:

«¡¡Viva la Pepa!!»

La reacción: el reinado de Fernando VII

Pero Fernando VII, a quien la nación reconoció como su rey legítimo, como sucesor de Carlos IV, volvió a España desde su exilio de Francia con otras ideas. Él quería el poder, todo el poder.

¿Unas Cortes que limitaran su voluntad? ¡¡Al diablo con ellas!! Y de ese modo, los liberales fueron perseguidos y Fernando VII reinó como un monarca absoluto.

Pero eso no podía durar mucho. Era insostenible. Los intelectuales, la misma burguesía, hasta figuras destacadas de la milicia, que se habían contagiado de las ideas de libertad propagadas por las tropas napoleónicas, iban a rechazar el sistema absolutista impuesto por el Rey. Y como sus ideas estaban perseguidas, se organizarían en sociedades secretas, que a partir de entonces tomarían una importancia formidable. La más veterana, y la más conocida internacionalmente, sería la de los *masones*, que ya se había propagado en el siglo anterior. Pero habría muchas otras, que se darían nombres pintorescos, como los *anilleros*, o bien de resonancias históricas, como los *comuneros*.

Y esas sociedades secretas conspirarían contra el absolutismo de Fernando VII.

De ese modo se fue incubando la gran rebelión que, encabezada por el general Riego, acabaría estallando en 1820.

Cuando Fernando VII tuvo noticias de aquel formidable levantamiento se doblegó ante la nueva situación.

Fue cuando diría aquella frase:

> «¡¡Vayamos, y yo el primero, por la senda de la Constitución!!»

Y así vendría el Trienio Liberal, esos tres años entre 1820 y 1823 en los que España entró otra vez en la modernidad.

Pero sería también entonces cuando, a su vez, Fernando VII conspiraría contra los liberales.

Y curiosamente iba a conseguir un apoyo formidable precisamente de la nación que antes había sido la abanderada de las ideas avanzadas: de Francia. Porque por aquellas fechas en toda Europa se había instalado una coalición llamada de la Santa Alianza que trataba de contener el espíritu revolucionario que germinaba en todos los pueblos. Y de ese modo, la Santa Alianza acudió en defensa de Fernando VII, encargando a la Francia de Luis XVIII que mandara una expedición militar para reponer en todo su poderío absoluto al rey español.

Y esa sería la expedición militar francesa conocida por el nombre de *Los cien mil hijos de San Luis* que invadiría España con toda facilidad, derrocaría el régimen liberal del general Riego y volvería a darle el poder absoluto a Fernando VII.

¡Asombroso! Aquella Francia que hacía un cuarto de siglo había sido la gran defensora de las libertades de los pueblos, era ahora la que se cargaba las libertades del pueblo español.

Algo bien penoso.

Y tanto, que las conspiraciones, las conjuras, los levantamientos se sucedieron. Y para combatirlos, y de forma implacable, Fernando VII llevó a cabo la más dura represión.

Mirad, amigos míos, si queréis recordar bien esa época, id a nuestro Museo del Prado. Allí veréis un cuadro espléndido, pero al mismo tiempo estremecedor, pintado por Juan Gisbert: recoge la estampa del fusilamiento de un grupo de rebeldes al Rey, a cuyo frente estaba un patriota llamado Torrijos. Y así ese cuadro se llama: *Fusilamiento de Torrijos y sus compañeros.*

No fue el único acto de cruel represión de Fernando VII. Pues, ¿cómo olvidar la prisión y muerte de Mariana Pineda? Una joven granadina que fue descubierta cuando bordaba una bandera con estas palabras: *Ley, libertad, igualdad.*

¡Increíble! Por defender unos principios tan hermosos, aquella joven granadina sería ejecutada. Dramático suceso que inspiraría después a un gran poeta también granadino, a Lorca, que escribiría sobre ello una de sus mejores obras.

Pero llegó un tiempo en el que, curiosamente, Fernando VII tuvo que cambiar de actitud. Y ello, ¿por qué? Porque casado en cuartas nupcias con María Cristina de Nápoles, esta le dio dos hijas, pero ningún hijo varón.

Naturalmente, el Rey quería que su hija mayor, de nombre Isabel, fuese la nueva reina de España, heredando su trono.

Pero eso no era tan fácil, porque las leyes del Reino que trataban de la sucesión al trono se habían alterado una y otra vez llevando la confusión a la opinión pública. ¿Podían las mujeres heredar el trono? Porque Felipe V había impuesto en España la ley sucesoria francesa, la llamada *Ley Sálica*, que excluía a las mujeres del trono; una ley que sería revocada por Carlos IV.

Ahora bien, Carlos IV no hizo pública su decisión. Y eso sería motivo de confusión. De forma que Fernando VII, advertido del peligro que corría la candidatura de su hija Isabel, proclamó la anulación de la *Ley Sálica* con gran disgusto de su hermano Carlos y sus seguidores, los llamados carlistas. Y fue entonces cuando se produjo la llamada conjura de La Granja.

¿Qué ocurrió? Que Fernando VII enfermó gravemente. Entonces un ministro, Calomarde, le presentó a la firma un documento para que volviese a poner en vigor la tan traída y llevada *Ley Sálica*; con lo cual otra vez quedaba desplazada Isabel, la hija, a favor de Carlos, el hermano. Y Fernando VII firmó lo que le ponían ante la amenaza de que, si no, la guerra civil se desataría en España.

Tal fue la conjura de La Granja.

Pero no quedarían así las cosas. Sería como una novela de aventuras en la que los lances más inesperados se sucederían los unos a los otros. Pues al enterarse la infanta Luisa Carlota (¡qué nombre tan sonoro!), que era la hermana de la Reina, velando por los derechos de su sobrina, la princesa Isabel, se presentó en Palacio, irrumpió como un vendaval y al encontrarse con Calomarde le arreó la gran torta, afeándole su conducta: «¡Miserable!»; y el bueno de Carlomarde contestaría con una frase que se haría famosa:

«*¡Manos blancas no ofenden!*»

Pero el tortazo debió dolerle, y de veras. Además Luisa Carlota no se conformó con eso. Vio al Rey y le exigió que se volviese atrás. ¿Qué padre era ese que no defendía los derechos de su hija? Y en efecto, Fernando VII no solo anuló la *Ley Sálica* sino que convocó a las Cortes para que jurasen a su hija Isabel como Princesa de Asturias y heredera del trono. Eso ocurría en el verano de 1833.

Tres meses después fallecía Fernando VII dejando un panorama confuso. Los liberales se apresuraron a proclamar a la princesa niña como Reina con el nombre de Isabel II, bajo la regencia de su madre María Cristina.

Una Reina niña

¿Os lo podéis creer? ¡Una niña en el trono de España!

Pues así fue la cosa. A la muerte de su padre, Fernando VII, la princesa Isabel no había cumplido aún los tres años. ¡Fijaos si era niña de verdad!

Naturalmente, al ser tan niña no pudo gobernar y tuvo que hacerlo en su nombre su madre María Cristina, que así fue la Reina Regente de España durante los primeros años.

Ahora bien, y eso sí que fue una pena, no todos los españoles reconocieron a la niña Isabel como reina de España, porque su tío Carlos también se proclamó Rey.

Y de ese modo comenzaron las guerras civiles carlistas, que ensangrentaron el país, pues carlistas y liberales se combatieron ferozmente, matando sin piedad con frecuencia a los prisioneros que cogían. A una barbaridad contestaban los contrarios con otra todavía mayor.

Fue un horror. Y eso duró siete años ¡Siete interminables años! Al principio los carlistas parecía que tenían ventaja, dirigidos por dos soldados de excepcional valía: Zumalacárregui, en Navarra, y Cabrera, en Levante. En una ocasión incluso uno de sus generales, Gómez, llevó sus tropas hasta el mismo Madrid, mientras Zumalacárregui puso sitio a Bilbao.

Pero la muerte de Zumalacárregui y el cansancio de tantos años de guerra hizo que los dos bandos acordaran una paz en 1839. Fue el abrazo de Vergara entre el general Espartero, por parte de los cristinos (llamados así por el nombre de la Reina Regente), y el general Maroto por parte de los carlistas.

Todavía resistió Cabrera en su plaza fuerte de Morella durante cerca de un año; pero al fin llegó la paz.

¿Y quiénes gobernaron entonces en España? Porque tampoco se pusieron muy de acuerdo los liberales. Unos se mostraban muy tibios, innovando pocas cosas en el régimen político. Eran los moderados. Pero otros, más audaces, querían imponer los principios liberales marcados en las Cortes de Cádiz. Y así se sucedieron una serie de gobiernos, moderados o progresistas, donde con frecuencia tuvieron un papel importante los generales.

Y eso sí que fue una cosa singular: que los soldados tuvieran tanto poder en el gobierno civil de España como ocurrió en el siglo XIX.

Lo fastidioso del caso fue que, entre tantos relevos de moderados y progresistas, España no acababa de tener una Constitución firme y estable. Cada partido que llegaba al poder imponía la suya, deshaciendo la anterior. Así los españoles estuvieron gobernados sucesivamente por el Estatuto Real de 1834, por la Constitución de 1837, por la de 1845, por el Bienio Progresista de 1854 y por la Unión Liberal de 1858.

Y no creáis que esos cambios eran siempre pacíficos. En ocasiones se produjeron motines y pronunciamientos militares.

Y lo más penoso: al fanatismo absolutista de los que decían luchar por Dios y por el Rey, sucedió un fanatismo anticlerical como nunca se había conocido en España. Fue particularmente penosa la jornada de 1834 en Madrid, cuando el pueblo, aterrado por la epidemia de cólera, se lanzó a la calle porque corrió el rumor de que unos frailes habían envenenado las aguas de la ciudad. ¡Increíble! Pero el resultado fue una matanza de frailes que llenó de pánico las calles de Madrid. Un horror, vamos.

Por otra parte estaban los acontecimientos exteriores. Es cierto que la pérdida de nuestro Imperio de Ultramar y la ruina de nuestra marina habían hecho caer a España en una potencia de tercer orden. Incluso las grandes potencias europeas, como Inglaterra y Francia, se creyeron con el derecho a intervenir en España, sobre todo para que se humanizase la guerra civil carlista, aunque con pobres resultados.

Y en el exterior, España tuvo que enfrentarse con una guerra en el norte de África, porque los marroquíes combatieron nuestras plazas de Ceuta y Melilla. Destacó un gran soldado: el general Prim.

Más lamentable fue la guerra que tuvo España con sus antiguos dominios de América, en especial con Chile y el Perú. Una verdadera locura, como casi todas las guerras, pero en este caso aumentada por el hecho de que España apenas si tenía barcos. ¿Y cómo combatir sin ellos aquellas naciones separadas de España por dos océanos?

De todas formas un marino español, Méndez Núñez, pudo llegar hasta la plaza fuerte de El Callao en la costa del Perú, que estaba formidablemente fortificada. Y como la acción militar era tan arriesgada y suponía casi seguro la pérdida de sus pobres barcos, a Méndez Núñez le insinuaron que lo dejase. Y contestó con una frase que se hizo famosa:

«¡Más vale honra sin barcos que barcos sin honra!»

No fue la única acción militar en América durante aquellos años, pues también se mandó una expedición militar a México, en colaboración con franceses e ingleses como represalia por los daños causados a los intereses europeos (1862).

Curiosamente una república hispanoamericana iba a pedir, por aquellos años, la reincorporación a España: Santo Domingo. Ello tenía un especial sentido histórico, puesto que, como bien sabéis, Santo Domingo había sido la primera colonia española en América, que arrancaba de los tiempos de Colón; una reincorporación que duró cinco años.

Pues todo eso ocurría a mediados del siglo XIX, cuando Europa entera y Estados Unidos crecían formidablemente gracias a la Revolución Industrial, en contraste con España, cada vez más pobre y más atrasada.

La revolución de 1868

Bajo Isabel II se habían logrado ciertos avances socio-económicos. El primero y más destacado, la construcción de una red ferroviaria que hacia 1860 cubría buena parte del territorio nacional. Y eso sí que fue formidable, porque el tren suponía un cambio radical no solo en las comunicaciones sino también en la vida económica y social.

Esa fue una de las partes más destacadas de lo que se llamaría la Revolución Industrial.

También se habían hecho esfuerzos en conciliar las libertades que exigían los nuevos tiempos con el orden necesario para que la paz interior fuese una realidad. A este respecto hay que recordar un hecho histórico, cuando el general Narváez creó la Guardia Civil para mantener el orden en el campo, cosa realizada en 1844.

Pero a partir de la caída de la Unión liberal, que había durado durante cinco años entre 1858 y 1863, los partidos políticos entraron en crispación tan abierta que empezaron a desacreditarse ante la opinión pública, ya fueran los moderados como los dirigidos por Narváez, o bien los liberales dirigidos por O'Donnell.

Un malestar general se extendió por todo el país y de él se hizo eco la marina, alzándose al mando del almirante Topete en la bahía de Cádiz en 1868 al grito de «¡Abajo los Borbones!».

Sería el final del reinado de Isabel II, que se refugiaría en Francia.

Años revolucionarios

Entre 1868, el año del destronamiento de Isabel II, y 1874, aquel en que se proclama nuevo Rey en la figura de

Alfonso XII, se deslizan seis años llenos de acontecimientos sorprendentes.

Es lo que los historiadores llaman el Sexenio Revolucionario.

De entrada una cosa os puedo decir: pocas veces en la historia de España se produjo un entusiasmo tan grande como cuando la revolución triunfante de 1868 («La Gloriosa», fijaos qué nombre tan rotundo) acabó con el reinado de Isabel II. En toda España, pero sobre todo en Madrid, el pueblo lanzado a la calle no hacía más que festejar lo ocurrido. Y no digamos nada cuando entraron en la capital los dos generales más destacados que habían promovido aquella revolución: el general Serrano, duque de la Torre, y sobre todo el famoso general Prim.

Prim ya era un héroe popular desde la guerra de África con su victoria en Castillejos. De forma que el re-

cibimiento que le hizo el pueblo cuando entró en Madrid a principios de octubre de 1868 fue inenarrable. Todo el mundo bailaba, cantaba, se abrazaba; todos se arremolinaban al paso del General. Y eso de día y de noche.

Parecía que el pueblo lo quería tanto que ni siquiera le dejaba dormir.

En ese ambiente de entusiasmo popular se formó el nuevo gobierno provisional, presidido por el general Serrano, pero en el que la figura más destacada era la del general Prim.

Con la responsabilidad de aquel triunfo tan extraordinario el nuevo gobierno puso manos a la obra para convocar Cortes que construyesen una nueva Constitución para los españoles.

Sería la Constitución de 1869, que iba a proclamar la soberanía nacional, la del pueblo, apoyada en sufragio universal. El general Serrano fue declarado Regente del Reino.

Pero la revolución no se había hecho para instaurar una dictadura militar. El general Prim, que era su figura más destacada, tenía otro pensamiento: una Monarquía constitucional. Pero una Monarquía nueva, salida del pueblo. Por lo tanto, nada de volver a elegir como rey a otro Borbón.

Nada de eso. Para demostrar que la nueva Monarquía rompía con el pasado, Prim pensó en que había que buscar el nuevo rey fuera de España. Aunque en un principio se pensó en un español salido del pueblo. ¿No estaba ahí, en su dorado retiro, el glorioso general Espartero? Y Espartero fue tanteado, pero el viejo general rehusó.

De forma que hubo que buscar un rey fuera de España.

¡Ay! Entonces se comprobó hasta qué punto España había perdido importancia en el ámbito internacional.

Tanteados diversos príncipes de distintas dinastías europeas, ninguno quiso aceptar. ¡Meterse a reinar en el avispero español! Nadie estaba por la labor, salvo uno vinculado al Reino de Prusia. Con lo cual, complicación sobre complicación, porque Napoleón III de Francia, considerando que aquello era como volver a los tiempos de Carlos V, con una alianza dinástica entre Alemania y España que argollaría a Francia, mostró su oposición irreductible.

Y de ese modo surgió inesperadamente un grave conflicto europeo: la guerra entre Francia y Alemania, cuyos trágicos resplandores parecieron alumbrar la nueva Monarquía española, con el destronamiento de Napoleón III; ya sabéis, aquel Emperador francés que se había casado con una española bellísima, María Eugenia de Montijo.

Al final, Prim encontró su candidato en un príncipe italiano: Amadeo de Saboya.

Habían pasado dos años desde la revolución de 1868.

Reinado de Amadeo de Saboya

El nuevo rey de España tenía grandes condiciones morales para ser un buen rey constitucional, respetuoso con el pueblo español y su Constitución de 1869. Pero curiosamente, pese a que se podía decir que era el rey elegido por el pueblo, un rey que no había heredado la Corona sino que la había recibido de manos de las Cortes españolas, sin embargo nunca fue popular. De entrada no conocía el país, ni sus costumbres, ni siquiera su idioma.

En suma, era un rey extranjero.

Por si fuera poco, comenzó su reinado con la más mala fortuna.

Pues antes de su llegada a Madrid, en una noche del mes de enero de 1871, unos terroristas asaltaron el carruaje en que iba el general Prim y lo mataron.

Sería uno de los primeros magnicidios que ensangrentarían a España, privándola de una de sus cabezas políticas más destacadas.

Se dice que Amadeo de Saboya, al visitar a la viuda de Prim le dijo:

«¡Qué gran pérdida para vos y para mí!»

Pero, claro, como no sabía español se lo dijo no en italiano, sino en francés, como si pensara que de ese modo se haría entender más fácilmente:

«Quelle perte pour vous et pour moi!»

Amadeo de Saboya tuvo que afrontar difíciles problemas empezando por dos guerras, pues en el norte de España otra vez habían levantado cabeza los carlistas.

Y además estaba, en Ultramar, la guerra de Cuba, que se había iniciado precisamente en el mismo año de 1868.

Por si fuera poco, los republicanos, que tenían una importante representación en las Cortes, conspiraban a toda furia. ¡Ellos lo que querían no era ningún rey, sino la República!

Así que Amadeo de Saboya, harto de sortear dificultades, se consideró incapaz de seguir reinando en España. Y como no era ambicioso ni sentía ansias de poder, sino un honesto deseo de hacer las cosas bien, ante la perspectiva de un alzamiento republicano y de tener que aplicar la fuerza con inevitable derramamiento de sangre, prefirió abdicar:

«—No quiero que por mi culpa —se le oyó decir— se derrame sangre española»

Un dolor, porque pocas veces España tuvo en el trono a un rey tan honorable; y eso hasta el punto de que algún político exclamara:

«¡Los españoles no merecíamos tal rey!»

La primera República

Estamos a comienzos del año 1873. Es el año en que se proclama por primera vez en España una República. Algo nuevo e insólito.

Muchos dudaban de que ese fuera el remedio para los males de España. Los bromistas decían guiñándose un ojo:

«¡Esta es una República sin republicanos!»

En eso se equivocaban, porque algunos sí que había. Y entre ellos, varios políticos honrados y con gran categoría moral. Pero la fragilidad de la República era evidente. Fijaos en este detalle, queridos amigos: en los diez meses que duró aquella República se sucedieron nada menos que cuatro presidentes. Y de ese modo se pasó de una República presidida por Figueras, que trató de reunir a los diversos grupos políticos, a otra presidida por Pi y Margall proclamando ya la República Federal.

¿Y qué quería decir eso? Para los políticos en la cumbre una especie de Estados Unidos de España en los que tuvieran todo su protagonismo las diversas regiones españolas, empezando por Cataluña.

Pero el pueblo lo entendió de otra forma. Consideró que era el momento de que cada cual se gobernara a su modo y manera. Y así surgió el cantonalismo, esto es, la proclamación de independencia en cualquier rincón de España. Era como volver a los reinos de Taifas de la época medieval. Y era también un poco: «Todos contra todos». Utrera creyó que era la hora de vengar los agravios que recibía de Sevilla. Y de igual modo, en Extremadura, ocurrió con Coria frente a Cáceres. Y sobre todo, amparándose en la fuerza de la marina de guerra surta en su puerto, surgió el alzamiento cantonal de Cartagena.

Y eso cuando en España seguía encendida, cada vez más feroz, la guerra carlista del norte y la guerra de los disidentes cubanos en Ultramar.

Se comprende que aquella República federal durase tan poco tiempo; apenas un mes. ¿Se puede creer? Pero no podía ser de otro modo, porque tantos desórdenes pedían a voz en grito un cambio rotundo. Y así tomó el mando un nuevo presidente de la República: Salmerón. Y también por pocos días, porque como los desórdenes y hasta las acciones criminales eran tantas que parecían obligar a una represión severa, incluso aplicando la pena de muerte, Salmerón dimitió.

Fue la oportunidad para un político republicano de verdadera categoría, uno de los oradores más importantes de todo el siglo XIX: Emilio Castelar. Y Castelar al menos resolvió uno de los graves problemas que tenía la República: el sometimiento del cantón de Cartagena.

Aun así, los problemas eran tantos que el 3 de enero de 1874 presentó su dimisión, incapaz de dominar aquella España tan caótica.

Aquello fue el final de la República. Curiosamente fue un soldado republicano, Pavía, el que pondría fin, entrando con sus tropas en las Cortes y disolviéndolas. Pues el general Pavía era republicano. No quería atentar contra la República, sino salvarla sacándola del caos en que había caído. Pero el resultado fue que otra vez tuvo que hacerse con el poder el ejército, nombrando Presidente al general Serrano, que tenía el prestigio de haber sido Regente del Reino hacía tres años. Y Serrano, después de imponer el orden en España contra los cantonalismos, acudió a lo que entonces parecía como cuestión más acuciante: luchar contra los carlistas, que amenazaban con apoderarse de Bilbao.

Y enfrascado en esa guerra en el norte de España fue cuando Serrano se vio sorprendido por una noticia que esperaba buena parte de España: en Sagunto, otro general, Martínez Campos, se había pronunciado a favor del hijo de Isabel II, Alfonso XII. España entraba en un nuevo periodo de su historia: La Restauración.

Y por una vez los civiles le ganaron la mano a los soldados, pues aunque Martínez Campos inició el nuevo periodo con su alzamiento en Sagunto, a fines de diciem-

bre de 1874 el control del nuevo movimiento iba a estar en manos de un gran político: Antonio Cánovas del Castillo.

Parecía que una nueva época comenzaba para España.

Un gran hombre de Estado se ponía al frente de los destinos del pueblo español. Una situación nueva que traería pronto el orden y la estabilidad a todo el país tan necesitado de algo de sosiego.

La Restauración

¿Os lo podéis imaginar? Después de seis años de tanteos políticos entre monárquicos constitucionales enemigos de los Borbones, republicanos unionistas y republicanos federales, con intervención una y otra vez de los generales más poderosos de cada momento, al fin bastó la proclama de Martínez Campos en Sagunto para que viniera a España el hijo de Isabel II, Alfonso XII. Nadie quería pensar en la reina destronada, en Isabel II. En cambio, el joven Alfonso XII, que entonces estaba a punto de cumplir los dieciocho años, era toda una promesa, una esperanza. Se confiaba en que trajera a España la paz y el orden, pero también las libertades y los derechos, que eran como una conquista de los tiempos revolucionarios. Y Madrid lo recibió con entusiasmo a mediados de enero de 1875.

Lo que nadie sabía entonces era que aquel joven Rey, lleno de los mejores deseos, moriría diez años después en plena juventud.

El Rey podía contar con algunos ministros de gran talento: con Cánovas del Castillo, el jefe del partido liberal-conservador, aunque más bien podríais llamarle jefe del partido canovista, dada su gran personalidad. Y también, como jefe del partido progresista, con Sagasta. Y estos dos políticos se iban a turnar en el poder, lejos de las enconadas luchas de los partidos que habían sido tan frecuentes en la etapa anterior.

Enseguida se planteó una cuestión, de la cual estuvo pendiente el buen pueblo español: las bodas del Rey. Se sabía que Alfonso XII estaba profundamente enamorado de una joven princesa, su prima María Mercedes de Orleans. Y la boda se efectuó y aquella España asistió a una escena insólita después de tantos años de lances picarescos en la Corte: la entrega amorosa de aquella joven pareja.

Y eso, queridos amigos, no es solo cuestión para las páginas rosas de la prensa. Que el pueblo vea en el trono a una pareja de enamorados siempre es bueno para el país. Es como si una parte de esa felicidad la vivieran también todos los españoles.

Pero ocurrió que de pronto María de las Mercedes enfermó de gravedad. Y nada se pudo hacer por curarla.

De forma que aquella novela amorosa acabó pronto y tristemente. A los dos años del matrimonio la Corte se llenaba de luto. Y hubo luto también en el pueblo español. Y hasta tal punto que la copla de Rafael de León, que a buen seguro habréis oído a vuestros abuelos más de una vez, recordaría aquel suceso:

En hombros por los Madriles
cuatro duques la llevaron
y se contaron por miles
los claveles que le echaron...

El final de las guerras carlistas y de la cubana

La proclamación del nuevo Rey pareció dar alas al ejército en su lucha contra los carlistas. El mismo año de 1875, en que Alfonso XII había entrado en Madrid, ya los carlistas de la zona del Maestrazgo y de sus reductos catalanes eran sometidos. Y en 1876, después de jurar la nueva Constitución, Alfonso XII en persona se presentó en el campo de batalla en el País Vasco. Y el resultado fue que Estella, que era la Corte de Carlos VII, y el resto de Navarra y del País Vasco que tenían en su poder los carlistas, fueron tomadas y el propio Carlos VII abandonó la lucha entrando en Francia en febrero de 1876.

Las guerras carlistas, que habían sido una pesadilla a lo largo de casi todo el siglo, al final habían concluido.

No solo en el norte de España tuvieron fortuna las armas de Alfonso XII. También lograron terminar felizmente la contienda contra los insurgentes cubanos por la llamada Paz de Zanjón, en aquel mismo año de 1878 en que los carlistas entregaban las armas.

La paz volvía a España. El pueblo pudo aclamar a su joven Rey cuando regresó a Madrid con el triunfo en la mano. Y hasta darle un título verdaderamente hermoso: *El pacificador.* Porque una de las cualidades admirables del Rey era que pensaba en su pueblo, se preocupaba por él. De forma que cuando el cólera se desató por media España en una terrible peste que se llevó por delante a miles y miles de españoles, en el año trágico de 1885, el Rey salió de Palacio y, en contra del parecer de sus ministros, se presentó en uno de los lugares más afectados por el cólera, en Aranjuez, para consolar a los enfermos de aquel terrible mal.

Y cuando volvió a la Corte, ni el propio Cánovas del Castillo se atrevió a censurarle.

Por su parte, el pueblo le aclamaba porque se veía querido y porque le quería.

Por poco tiempo, porque aquel mismo año el joven Rey moriría.

La segunda boda del Rey

Aunque Alfonso XII siguiera teniendo el recuerdo enamorado de su primera esposa, María de las Mercedes, su obligación era dar un heredero a la Corona. Hacía falta, pues, que se casara de nuevo. Y así lo hizo en 1879, con la princesa María Cristina, archiduquesa de Austria, a la que había conocido en su juventud en Viena. Dos años después les nacía una primera hija, a la que, cómo no, pondrían el nombre de María de las Mercedes. Dos años más tarde vendría otra hija, María Teresa. Pero el hijo varón que tanto deseaban se hacía esperar, y tanto, que cuando el Rey muere en 1885 aún no había aparecido.

Eso sí, dejaba embarazada a su esposa. Y todo el mundo se preguntaba: ¿será niño o niña?

Y la cuestión no era pequeña, porque si nacía una nueva niña, las Cortes tenían que proclamar Reina a la mayor de las hijas, a María de las Mercedes; pero si nacía varón, y conforme a las viejas leyes de Castilla, el varón tenía que ser preferido. ¿Qué hacer? Naturalmente, esperar.

Y por una vez los políticos de aquel momento supieron estar a la altura de las circunstancias. Nada de aprovecharse de aquellos difíciles momentos para obtener ventajas políticas. El propio Cánovas del Castillo, con un gesto propio de su categoría de gran hombre de Estado, pese a que entonces estaba al frente del gobierno, le aconsejó a la ya reina regente María Cristina que llamase al poder como primer ministro a su rival Sagasta.

¿Había existido un pacto previo entre los dos políticos? Algunos historiadores lo creen así. Y hasta le dan un nombre: el Pacto del Pardo.

Lo cierto es que, a los pocos días de la muerte de Alfonso XII, fueron convocadas las Cortes para que la reina María Cristina jurara su nuevo cargo de Reina Regente. Y cuando entró en las Cortes, toda vestida de negro y con sus dos hijas tan pequeñas de la mano, con rostro tristísimo pero al mismo tiempo llevando con gran dignidad su dolor, las Cortes enteras rompieron en aplauso.

No en vano flotaba en el ambiente el recuerdo de aquel buen Rey, Alfonso XII el pacificador, muerto en plena juventud y que había dedicado toda su vida a España.

La regencia de María Cristina: el desastre de 1898

Unos meses después, a mediados de mayo de 1886, los madrileños se despertaron con el ruido de once cañonazos. Era la señal de que la Reina Regente había parido un niño.

Empezaba el reinado de Alfonso XIII, y con esta curiosa circunstancia: el único rey de la Historia de España Moderna que lo era desde el mismo momento de su nacimiento. Ya lo sabéis: normalmente, los herederos de la Corona son proclamados primero Príncipes de Asturias. Ese es el título que les acredita como futuros Reyes de España. Pues bien, Alfonso XIII jamás tendría ese título. Desde el primer momento, desde su primer día, ya era un rey.

 Eso sí, un rey muy chiquito, como os podéis imaginar.

Y la vida política siguió con normalidad, gracias al buen entendimiento entre los dos mayores políticos de aquel reinado, Canovas y Sagasta, turnándose pacíficamente en el poder. Y también gracias al buen tacto de la reina regente, María Cristina, siempre escrupulosa en respetar la Constitución que entonces regía, que era la que había sido proclamada en 1876; una Constitución con matices conservadores, pero en la que se reconocían las principales libertades del individuo, con un poder legislativo regulado por las Cortes y con un poder ejecutivo en manos del partido político ganador de las elecciones.

Pero no todo fue paz durante aquellos años de la Regencia de María Cristina, en particular porque las cabilas marroquíes cercanas a Melilla la atacaron con frecuencia, lo que estuvo a punto de provocar una guerra con Marruecos; incidentes fronterizos solucionados al fin por la vía diplomática.

Otra cosa fue lo que ocurrió en la isla de Cuba, donde de nuevo surgió la revuelta, con el agravante de que ya por entonces los Estados Unidos de Norteamérica estaban vigilantes, deseosos de una expansión por el Caribe que les llevara al dominio de la hermosa isla, la perla de las Antillas.

En España se comprendió que era necesario dar a Cuba la mayor de las autonomías posibles. Y así se hizo, con unos estatutos que entregaban todos los poderes a los políticos cubanos, salvo en dos terrenos: el de la política exterior y el de la defensa.

Pero desgraciadamente aquella solución llegaba demasiado tarde. Los cubanos, alentados por el apoyo de Norteamérica, querían la plena independencia.

Por otra parte España se veía debilitada por la pérdida irreemplazable de Cánovas, aquel gran político que había sido el alma de la Restauración. ¿Por una enfermedad mortal? No, porque un anarquista italiano, llamado Angiolillo, le asesinó disparándole un tiro a quemarropa.

Era el 8 de agosto de 1897.

Un nuevo magnicidio ensombrecía la historia de España.

Entre tanto, la tensión diplomática entre Norteamérica y España era cada vez más fuerte. Los políticos norteamericanos llegaron a proponer a España que les vendiera Cuba por trescientos millones de dólares; añadiendo como soborno otro millón para los mediadores. Una propuesta que indignó a España. Y la respuesta fue clara: Cuba era una parte de la patria y no estaba ni estaría nunca en venta.

Ahora bien, como las pretensiones norteamericanas eran evidentes y su poderío tan grande, dada además la proximidad de Cuba a Norteamérica y su lejanía con España, bien se puede comprender que el resultado acabaría siendo fatal para las aspiraciones españolas.

Además, como si se tratara de una novela de aventuras, con planes siniestros llevados a cabo para que la guerra fuera inevitable, ocurrió que un crucero norteamericano anclado en el puerto de La Habana, el *Maine*, misteriosamente tuvo una tremenda explosión que inmediatamente las autoridades norteamericanas achacaron a las españolas.

Ya tenía Norteamérica, y su presidente McKinley, el pretexto para la guerra. Lo que los diplomáticos llaman el *casus belli*.

La guerra fue un hecho. Y a las primeras de cambio, en aquel mismo verano, la poderosa escuadra norteamericana se deshizo de la española, tanto en aguas de Cuba como en las de Filipinas.

Porque así estaban las cosas: una vez metidos en la guerra contra España, Norteamérica no se iba a conformar con Cuba, que era el pretexto. También querría el dominio de Puerto Rico, en el Caribe, y de las Filipinas, al otro lado del Pacífico.

Los españoles, tanto en el mar como en la tierra, nada pudieron hacer para evitar la catástrofe, abandonada además por las grandes potencias europeas, que asistieron indiferentes a aquella guerra provocadora. Así, España tuvo que firmar la paz en París a finales de ese año de 1898.

España perdía sus últimos dominios de Ultramar, salvo algunas islas semiabandonadas en pleno Pacífico que acabarían también siendo cedidas.

Era el desastre de 1898, que marcaría a toda una generación.

El empuje cultural

España a lo largo del siglo XIX, a causa sobre todo de la tremenda hoguera que fue la guerra de la Independencia, había caído en una potencia de tercer orden, con un atraso notorio respecto al despegue de la Europa Occidental. Sin embargo, en el campo cultural siguió dando muestras de su gran valía.

Fue en aquel siglo cuando en las Artes y en las Letras se produjeron obras de verdadero mérito. En principio, no se puede olvidar que Goya pinta algunos de sus cuadros más hermosos, vinculados a la guerra de la Independencia y que recordaréis que ya hemos mencionado. Otros notables pintores siguieron su huella, como Vicente López o como Madrazo. Y cuando surge en Francia el brillante movimiento de los impresionistas, España también se incorpora con la obra de pintores tan notables como Fortuny.

Y en las letras, nos encontramos con algunos de los poetas, dramaturgos y novelistas más populares. ¿Cómo olvidar los inspirados versos de Espronceda, con su famosísima *Canción del pirata*?

Esa canción que a buen seguro que vosotros habéis leído más de una vez, con aquellos versos que empiezan así:

> *Con diez cañones por banda,*
> *viento en popa, a toda vela,*
> *no corta el mar, sino vuela*
> *un velero bergantín...*

El mismo siglo en el que Zorrilla escribirá una de las piezas de Teatro más famosas de España: *Don Juan Tenorio*.

Pero será en la novela donde verdaderamente aquel siglo produciría algunas obras maestras, empezando por los *Episodios nacionales*, de Pérez Galdós; uno de los cuales sería verdaderamente popular: *Juan Martín «El Empecinado»*, obra en la que evoca la guerra de la Independencia; el mismo autor que a final del siglo crea su obra maestra *Fortunata y Jacinta*. Y a su nivel la de otro gran escritor, Clarín, con su famosa novela *La regenta*.

Un empuje cultural al que se incorporan de nuevo las mujeres, entre las que destacarían Fernán Caballero, y sobre todo Emilia Pardo Bazán (su novela *Los pazos de Ulloa* es una auténtica joya literaria) y la impresionante poetisa Rosalía de Castro, que escribirá alguno de los poemas más bellos no solo de la literatura castellana sino también de la gallega.

Unos versos tan hermosos que al menos algunos de ellos será bueno que recordéis, como los siguientes:

> *Adiós, ríos; adiós, fontes;*
> *adiós, regatos pequenos;*
> *adiós, vista dos meus ollos;*
> *non sei cando nos veremos...*

¿Y no es cuando el gran poeta catalán Jacinto Verdaguer crea su poema épico *L' Atlàntida?* Ese poema épico que se inicia con este verso tan inspirado:

> *Veus eixa mar que abraça*
> *de pol a pol la terra...?*

¿Y cómo olvidar al más dulce de los poetas del siglo XIX, Gustavo Adolfo Bécquer, algunas de cuyas rimas se saben de memoria los hombres y mujeres de media España? Probad conmigo a repetir alguna de ellas, como estas tan famosas:

*Volverán las oscuras golondrinas
en tu balcón sus nidos a colgar,
y otra vez con el ala a sus cristales
jugando llamarán.*

Os dejo con estos versos tan bonitos. Mañana seguiremos.

¡AY DE MI ESPAÑA!

(El siglo XX)

Nuestra historia más reciente

Estamos ya en el siglo XX. ¿Os dais cuenta de ello? ¡El siglo de vuestros abuelos, a los que podéis preguntar un montón de cosas sobre lo que pasó en España y cómo lo vivieron!

Esto ya es distinto. Es nuestra historia más reciente. Así que todo lo que contemos ya es como si fuera algo de nuestras propias vidas. De la mía, por supuesto, que soy tan viejo. Pero también un poco de las vuestras, porque muchas de las cosas que os cuente ya os sonarán a conocidas: la cuestión social, el movimiento obrero, los nacionalismos catalán y vasco, los brotes anticlericales —y a veces muy violentos—, los conflictos con Marruecos...

Y al lado de todo esto, un soberbio florecimiento cultural, hasta tal punto que se puede hablar de una nueva Edad de Oro de las Letras y las Artes; aunque, para distinguirla de la clásica, los eruditos —ya sabéis, esa gente tan sabia— dan en llamar Edad de Plata.

Para empezar debo recordaros que en España entonces había un rey muy niño, Alfonso XIII, y que la Monarquía estaba bajo la regencia de su madre, la reina María Cristina.

Pues bien, ese niño-rey fue creciendo y ya, a principios del siglo xx, cuando cumple los dieciséis años, en 1902, inicia su reinado.

Y, claro: es un rey soltero. Y hay que casarlo lo más pronto posible. Se trata de una bonita historia, que tendrá también sus aspectos dramáticos. Así que, si os parece, comenzaremos por ella para meternos en ese fascinante siglo xx de vuestros abuelos.

Las bodas reales

Una de las primeras cosas que hizo Alfonso XIII al iniciar su reinado fue viajar por media Europa occidental para conocer las Cortes de otros países. Un viaje lleno de aventuras, y hasta de las más fuertes, pues estando en París y acudiendo a la ópera, a la salida un anarquista le lanzó una bomba, que a punto estuvo de costarle la vida. Y aquel joven rey, que todavía no había cumplido los veinte años, lo tomó con humor. Nada de echar a correr, de mostrar miedo o de ponerse furioso.

Nada de eso. Simplemente se sacudió el polvo y a los franceses que le acompañaban les dijo:

«Esto son gajes del oficio»

Con lo cual quería decir que tenía que asumir los riesgos de su alto cargo en una época en la que el anarquismo violento hacía de las suyas en media Europa.

Pero vayamos a la boda del Rey. En sus viajes por Europa, Alfonso XIII conoció en Inglaterra a una princesa de soberbia belleza: Enna de Battenberg, y se enamoró perdidamente de ella. Y tanto que la haría su esposa.

Sería la nueva reina Victoria Eugenia.

Y vino la boda que, claro, sería en Madrid en esa iglesia tan linda que se llama Los Jerónimos.

Y entonces, cuando todo Madrid parecía una fiesta, surgió el drama. Pues al paso de la comitiva real por la calle Mayor, un anarquista arrojó una bomba que a punto estuvo de costar la vida al nuevo matrimonio y que produjo no pocas muertes y gran confusión.

Tenemos fotos del suceso, pues ya la fotografía iniciaba sus primeros pasos dándonos testimonios gráficos de gran valor. Y se ve a los caballos encabritados, la gente despavorida, los soldados de la Guardia Real apuntando a todas partes.

Fue un mal augurio del difícil reinado de aquel joven rey llamado Alfonso XIII.

La Semana Trágica de Barcelona

¡La Semana Trágica! Esa expresión ya lo dice todo. Unos días sangrientos en los que la ciudad de Barcelona enloqueció y todo eran pillajes, muertes, incendios de edificios; en suma, el caos.

¿Cuál fue la chispa que produjo el alzamiento?

Estamos en 1909. Gobierna España el partido conservador y a su frente un político sin duda notable: Antonio Maura.

Maura estaba embarcado en la tarea del regeneracionismo de España. Era un gran patriota, lo podéis creer, aunque cometiera algún error. Acometió reformas importantísimas, tanto para combatir el terrorismo, que entonces era una pesadilla sobre todo en Barcelona. Supo enfocar la cuestión de los nacionalismos con medidas bien recibidas por Cataluña y, sobre todo, se decidió a re-cuperar el prestigio internacional de España, lo cual tenía que pasar por una reconstrucción de la marina que ha-bíamos perdido en el desastre del 98.

En ese afán de protagonismo internacional España decidió meterse en la aventura africana, donde tenía dos enclaves muy importantes, Ceuta y Melilla, al norte de Marruecos.

Francia estaba en Argelia, Inglaterra en Egipto y Ale-mania en el Camerún. ¿Y por qué no seguía su ejemplo España? Ya quedaba poco espacio donde intervenir, pero al menos estaba el norte de Marruecos, la zona del Rif; con la ventaja de que en su costa España tenía ya los en-claves tan importantes que hemos mencionado.

Y surgieron incidentes, cada vez más graves. Hubo que mandar tropas desde Melilla, pero con tal mala suerte que fueron cayendo en emboscadas hasta produ-cirse la mayor del Barranco del Lobo; allí murieron cien-tos de españoles, entre ellos el general que mandaba las tropas.

El dolor en España fue inmenso. Que la nación hu-biera sido derrotada por Estados Unidos era bien penoso, pero a fin de cuentas se trataba de una de las grandes potencias de la época. Pero que unos rifeños mal organi-zados y peor armados fueran capaces de vencer al ejér-cito español, eso levantaba ampollas.

Todo ello agravado porque Maura había decidido en-viar más fuerzas con las que acabar ganando la partida. Para ello fueron llamados a filas los reservistas de Ma-drid y de Barcelona. Los reservistas: ¿qué nos quiere decir ese nombre? Se trataba de gentes que ya habían cumplido el servicio militar, que por lo tanto ya no estaban en su primera juventud y que en su mayoría eran padres de familia, con frecuencia gente humilde de cuyo trabajo dependía la supervivencia familiar.

De forma que Barcelona vio cómo, conforme a esa orden del gobierno, se mandaba a África a esos reservistas catalanes procedentes de las clases trabajadoras.

Primera indignación. Una indignación que se convirtió en rebelión abierta y declarada cuando los barcos que habían llevado a los reservistas volvieron con sus cadáveres, después del desastre del Barranco del Lobo.

Y entonces ya los sucesos desbordaron a los hombres, con la multitud lanzada a la calle. Resultado: pillajes, incendios, muertes... Como antes decíamos, el caos. Y esa fue la semana sangrienta de Barcelona.

Las cosas se complicaron todavía más, porque el gobierno de Maura sofocó la rebelión, hubo detenidos, hubo juicios sumarísimos y hubo fusilamientos.

Tal represión provocó una ola de indignación en buena parte de España y también de Europa.

Y así surgió un formidable grito de protesta contra el gobierno:

«¡Maura no!»

La I Guerra Mundial

A poco, la I Guerra Mundial sacudió al mundo entero.

Conmoción tan profunda no podía menos de repercutir en España. Aunque se mantuvo la neutralidad militar, el país se dividió entre los que apoyaban a Alemania (los *germanófilos*) y los que apoyaban a Francia e Inglaterra (los *aliadófilos*).

Hasta aquí, con sus tensiones, las cosas se iban sorteando en España.

Pero ocurrió que en 1917 estalló en Rusia la formidable revolución comunista comandada por Lenin, con aquel grito formidable:

> «*¡Todo el poder para el pueblo! ¡No más zares, no más amos!*»

Y también con otra consigna de tipo social: «las fábricas para los obreros, las tierras para los campesinos».

Y eso tuvo un eco formidable en España, sobre todo en el levante y en el sur, entre los obreros y entre los campesinos. ¿Acaso no eran La Mancha, Extremadura y Andalucía las regiones donde había tantos braceros sin tierras que trabajar y solo llamados de cuando en cuando para remediar su hambre?

Y así surgió la formidable huelga revolucionaria de 1917, donde ya aparecen figuras que luego tendrían tanto protagonismo en la España de la Segunda República: Besteiro y, sobre todo, Largo Caballero.

Durante más de un lustro, entre 1917 y 1923, los políticos se mostraron incapaces de gobernar a España. Los gobiernos se sucedían uno tras otro. Hubo hasta treinta crisis parciales y trece totales. El rey, Alfonso XIII, angustiado ante el sombrío panorama que daba el Parlamento español, convocó a los principales ministros; estaba dispuesto a dejar Corona y Reino, tal como había hecho Amadeo de Saboya medio siglo antes, si los políticos seguían mostrándose incapaces de controlar la situación.

¿Os podéis imaginar la escena? Los ministros convocados (Maura y Romanones entre otros) se quedaron avergonzados. Y haciendo un esfuerzo decidieron olvidar sus diferencias y hacer un gobierno de coalición nacional, donde conservadores y liberales arrimaran el hombro para sacar a flote la nación.

Fue el gobierno de coalición nacional mandado por Maura en 1918, en el que entró uno de los políticos más notables del reinado de Alfonso XII: Francesc Cambó, defensor de un novedoso estatuto de autonomía para Cataluña.

Pero la mejoría duró poco tiempo. Hasta los militares se mostraron indisciplinados, formando los mandos subalternos las que tendrían ese nombre: Juntas Militares. ¿Qué pretendían? ¿Qué reclamaban? Estaban hartos de que los ascensos fueran conseguidos por favoritismo, no por méritos de antigüedad.

Y no solo los militares sino también otros funcionarios de la Administración pública, como los de Correos. En definitiva, parecía que el desorden también cundía entre las clases medias de la nación.

Y por si fuera poco, el terrorismo y la desafortunada intervención en África siguieron haciendo de las suyas.

A ese respecto hay un año verdaderamente fatídico que tenéis que aprender, queridos muchachos: el de 1921.

Pues en 1921 se produjo, por una parte, otro acto terrorista que acabó con la vida de uno de los mejores políticos españoles de aquella época: Dato.

Y en ese mismo año las tropas españolas sufrieron un tremendo desastre en el norte de Marruecos: El desastre de Annual.

Eso era demasiado. Y como el caos siempre ha propiciado el golpe de Estado ya se puede comprender que se estaba incubando un pronunciamiento militar: algo que estaba en la tradición española desde el siglo XIX. Y así vendría la dictadura del general Primo de Rivera.

La dictadura de Primo de Rivera

¿Podéis creerlo? Los políticos lo habían hecho tan mal que todo el mundo pedía un cambio.

Regeneración era la palabra clave. Ya venía desde los hombres de la Generación del 98 y aún antes, pues un pensador muy popular, Joaquín Costa, había hablado de que hacía falta «el cirujano de hierro».

Y de ese modo, en 1923, el capitán general de Cataluña, Miguel Primo de Rivera, se sublevó al estilo de tantos pronunciamientos como había habido en el siglo XIX. Ya que los políticos demostraban su ineficacia, algo había que hacer. Si ellos no sabían gobernar, alguien tendría que hacerlo.

Y de esa manera un Directorio militar tomó las riendas del poder. Y cosa sorprendente: apenas si encontró resistencia. Primo de Rivera tuvo una acogida favorable en todo el país y el Rey acabó aceptándolo.

España dejaba de tener un régimen parlamentario y entraba por el camino dudoso de la dictadura.

Primo de Rivera se rodeó de una Junta militar que le ayudó en sus tareas de gobierno. Se trataba de poner orden en la casa y él lo haría al principio como si aquella casa fuera un cuartel.

Por lo pronto, los problemas inmediatos, los más graves, parecieron resolverse: la cuestión del terrorismo, tan grave en Barcelona; la cuestión de Marruecos y las grandes obras de infraestructura tan necesarias en un país que quería modernizarse.

El terrorismo pareció dominado. Y eso alivió a la nación. Como también el que se resolviera de pronto, cuando más difícil parecían las cosas, la cuestión de Marruecos, donde el gran enemigo de España era un cabecilla del Rif, Abd-el Krim.

Pero Abd-el-Krim cometió un error. Se creyó tan fuerte, dueño como era de casi todo el norte de Marruecos, que incluso se atrevió a luchar contra las tropas francesas que dominaban el resto del país.

Eso provocó la alarma de Francia, y ambos gobiernos, el francés y el español, comprendieron que tenían que aunar sus esfuerzos.

Fue cuando Primo de Rivera proyectó realizar un desembarco en la costa marroquí: *el desembarco de Alhucemas,* que sería todo un éxito. Y así, de pronto, en vez de que las derrotas se sucedieran, las tropas españolas lograron dominar todo el norte de Marruecos en poco tiempo.

En 1925 Abd-el-Krim era totalmente derrotado tanto por los españoles como por los franceses.

Primo de Rivera había resuelto uno de los problemas más difíciles con que se habían enfrentado los políticos anteriores. Y, claro, su popularidad iría en aumento.

Fue entonces cuando decidió cambiar el régimen. Pasar de un gobierno militar a otro civil.

Ideó un cambio de sistema: una especie de corporativismo, una mayor descentralización a nivel municipal, una Asamblea Nacional que le ayudase en el gobierno y hasta un nuevo partido político: la Unión Patriótica.

Y entonces fue cuando comenzaron las dificultades. En definitiva, su régimen era autoritario, con lo cual la libertad se resentía.

Y podéis creerme, queridos amigos: esa es una cuestión muy seria. Es verdad que los pueblos necesitan un orden para poder desarrollarse con un mínimo de prosperidad; pero también es cierto que necesitan libertad, porque si les falta parece que les falta también el aire con que respiran.

Y los primeros en manifestarse disconformes, más que los políticos, fueron los intelectuales. Lo cual seguro que os parecerá natural. Y aunque hubo varios, solo os voy a citar un personaje particularmente significativo: Unamuno.

Unamuno era Rector de la Universidad de Salamanca y ya se había hecho famoso por su obra literaria. Harto de la censura oficial manifestó públicamente su protesta. Y al punto fue cesado en su cargo y desterrado a Fuerteventura, de donde el gran pensador acabaría pasando a su exilio en Francia.

Y, típico de toda dictadura, vino el cierre de las publicaciones independientes, como en este caso la revista *España*, en la que tanto empeño había puesto un joven republicano que luego se haría famoso: Azaña.

Lo más grave de ese movimiento intelectual fue el llevado a cabo por los estudiantes universitarios dirigidos por la Federación Universitaria Española (la famosa F.U.E.).

Primo de Rivera trató de capear el temporal buscando algo nuevo que le permitiese recuperar su antigua popularidad; en suma, su prestigio. ¿Y qué ideó? Montar en España la Exposición Universal de 1929. Y lo consiguió con notable éxito, poniendo su sede en dos ciudades muy significativas: Barcelona y Sevilla.

Pero no fue bastante. Además, una circunstancia muy negativa iba a perjudicar a la dictadura: la gravísima crisis económica producida por la caída de la bolsa de Nueva York en aquel mismo año de 1929. Y eso también lo acusó el régimen de Primo de Rivera. La bonanza económica con que inició su mandato, se esfumó.

Y así, poco a poco, la popularidad inicial de Primo de Rivera se fue perdiendo. Llegó un momento en que este general no contó ni siquiera con el apoyo del ejército. Y entonces, resignado a su suerte, abandonó el poder y se exilió a Francia a principios de 1930.

Un año después, conforme ya había previsto el Rey, era la propia Monarquía la que sufría el golpe.

La caída de la Monarquía

El fracaso de Primo de Rivera anunciaba un desastre mayor. Su dictadura, nacida como alternativa al desorden en que se había sumido el régimen parlamentario, provocó el rechazo de los partidos políticos, que, al regresar, se mostraron hostiles a la Monarquía. En vano Alfonso XIII trató de recomponer el régimen parlamentario. Esa sería la tarea encomendada a otro militar, el general Berenguer, en 1930. Pero cada vez se hacía más evidente que en España se respiraban ya aires republicanos.

Incluso hubo alzamientos militares. El más destacado, aunque prematuro, fue el promovido por los oficiales de la guarnición de Jaca, los capitanes Galán y García Hernández y el teniente Anitúa. Se proclamaron el 12 de diciembre de 1930 a favor de la nueva República, con un bando de guerra firmado por Fermín Galán; un alzamiento precipitado que fue vencido y que costó la vida a los dos capitanes, salvándose Anitúa, que huyó a Francia.

Pero aunque la sublevación de Jaca fracasara, el ambiente se hacía cada vez más irrespirable para la Monarquía. La mayor parte de los políticos de una y otra tendencia se habían aliado en el llamado Pacto de San Sebastián y conspiraban claramente contra el Rey. En la primavera de 1931 el gobierno de la Monarquía, dirigido entonces por Aznar, quiso tantear a la opinión pública a través de unas elecciones municipales. No se trataba, por lo tanto, de unas elecciones para el Parlamento de la nación, sino para el gobierno de los municipios. Y lo cierto fue que, en muchos casos, los concejales elegidos fueron monárquicos.

Pero en la mayor parte de las capitales de provincia, y desde luego en Madrid y en Barcelona, los elegidos fueron, ante la sorpresa general, republicanos.

En frase de uno de los ministros del último gobierno de la Monarquía, Romanones, la nación se había acostado monárquica y se levantaba republicana.

El Rey se consideró abandonado por su pueblo y, desoyendo a quienes le pedían un acto de fuerza, prefirió el exilio, pronunciando una frase que le ennoblecería:

«No quiero que por mi culpa se derrame sangre española»

Las elecciones se habían realizado el 12 de abril de 1931.

Dos días después, el 14 de abril, España era republicana.

Se iniciaba la andadura de la II República española.

La II República: el bienio progresista

El 14 de abril de 1931 España entera entró en delirio. El pueblo se echó a la calle. En todas las ciudades, grandes y chicas. En Madrid como en Barcelona, en Oviedo como en Gijón.

Mirad, amigos: yo entonces tenía diez años. Vivía, con mi familia, en Oviedo. Y nunca olvidaré aquella escena: mis padres asomados al balcón de nuestra casa y un río de gente alborozada que llenaba la calle. Y todos gritando:

«¡¡Viva la República!!»

El júbilo era general.

Y lo que fue más notable: sin derramamiento de sangre. Lo cual quería decir que las autoridades militares y las fuerzas encargadas de mantener el orden habían acatado los acontecimientos.

La República se iniciaba con buen pie y el pueblo parecía demostrar su madurez.

Por lo pronto, los políticos del Pacto de San Sebastián pudieron establecer el primer gobierno provisional, con Alcalá Zamora, un antiguo político monárquico de marcado signo conservador, como Presidente, secundado por una serie de ministros entre los cuales la figura más destacada era Manuel Azaña.

¡Otra vez la República! Había que vencer el mal antecedente de la anterior, que tan desastrosamente había acabado en menos de un año. Y lo primero, elaborar la nueva Constitución por la que debían regirse los españoles. Una Constitución que proclamase los derechos fundamentales. Y en primer lugar un principio solemne: España renunciaba a la guerra. Y eso era muy importante, porque era como plantear un proyecto de paz, dejando para el recuerdo las glorias y hazañas de la España Imperial.

Se proclamaba también algo fundamental y que hacía de la Constitución republicana una de las más avanzadas de aquel tiempo: el sufragio universal y, sobre todo, por primera vez el derecho del voto concedido a la mujer.

¿Os lo podéis creer? Hasta entonces a la mujer no se le había reconocido ningún protagonismo en la política.

La República amanecía, pues, como una gran esperanza. ¡Había que arreglar y que renovar tantas cosas! Empezando por la cuestión social, con aquellos miles de trabajadores en las fábricas mal atendidos y con aquellas masas de campesinos, sobre todo en La Mancha, en Extremadura y en Andalucía, verdaderamente hambrientas. Y precisamente en una época en la que toda Europa, y por supuesto España, estaba bajo los efectos de una grave depresión económica. Con lo cual urgía una reforma, especialmente en el campo —*la reforma agraria*—, que ya venía pedida desde los tiempos de Jovellanos.

También estaba pendiente una labor educadora de todo el pueblo, cuyas tasas de analfabetismo eran alarmantes; por lo tanto una tarea a realizar desde la Enseñanza primaria. Sobre ella desplegó un notable esfuerzo la Segunda República, según las directrices de la Institución Libre de Enseñanza, que había sido fundada a fines del siglo XIX, como a buen seguro que recordaréis. Una tarea secundada por una generación de maestros y maestras verdaderamente admirable, llenos de un entusiasmo increíble, porque eran conscientes de la gran misión que la República les había encomendado.

Pero surgieron problemas, y algunos muy graves. El mismo día 14 de abril en Barcelona, Companys, uno de los políticos del Pacto de San Sebastián, proclamaba la República catalana, obligando a una precipitada intervención del gobierno provisional para evitar aquel intento de escisión. Y no fue el único movimiento de secesión, pues también otro político, Aguirre, promovió algo similar en el País Vasco.

Por otra parte, el espíritu laico, propio de la República, pronto encontró resistencia en la Iglesia, haciéndose eco de ello el mismo cardenal Segura. Y lo que fue más penoso: antes del mes de proclamada la República se iniciaba la quema de conventos en media España.

Fue en aquella primera etapa cuando Azaña, que entonces era ministro de la Guerra, acometió la reforma de las Fuerzas Armadas, para reducir sus numerosos cuadros de oficiales.

Y también afrontó el problema de la seguridad ciudadana, creando un cuerpo nuevo de acción rápida: los Guardias de Asalto, para imponer el orden en cualquier ciudad de la nación.

Quedaba pendiente la cuestión agraria. Muchos esperaban que la República arrebatase sus latifundios a los grandes terratenientes para entregar la tierra a los campesinos; tarea difícil que jurídicamente tenía que vencer no pocos escollos y que por fuerza tenía que ser lenta.

De ahí el desengaño de aquellos campesinos hambrientos que no acababan de ver resueltos sus problemas y que, en algunos casos, decidieron tomarse la justicia por su mano, asaltando cortijos y enfrentándose con la fuerza pública.

Y fue cuando ocurrió un penoso suceso: en un pequeño pueblo del sur de España, Casas Viejas, fueron tan graves los incidentes que el gobierno tuvo que mandar fuerzas para reprimir a los rebeldes. Y hubo muertos.

Fue una acción sangrienta que ensombreció el gobierno de Azaña, que en aquellos momentos era ya Presidente del Consejo de Ministros.

Hubo crisis política. El Presidente de la República disolvió el Parlamento y convocó nuevas elecciones.

Corrían ya los primeros días del otoño de 1933. Y el resultado sería que el gobierno pasaría a manos de la derecha española, en una alianza entre el Partido Radical dirigido por Lerroux, y la Confederación Española de Derechas Autónomas (la CEDA), que encabezaba un joven político que empezaba entonces su andadura: Gil Robles.

Había acabado el bienio en el que había desplegado sus dotes de gobernante Azaña *(bienio progresista)* y empezaba otra nueva etapa, de tono conservador, que sus enemigos llamarían el *bienio negro*.

Una cosa se me olvidaba deciros, y es importante: que en esa etapa del bienio progresista se produjo un alzamiento militar, encabezado por el general Sanjurjo, en el verano de 1932. Alzamiento que fue sofocado.

Pero algo muy grave había ocurrido: que el voto de las urnas no había sido respetado.

Un precedente que luego volvería a repetirse, como hemos de ver, aunque de signo contrario.

El bienio conservador

Las elecciones de 1933 dieron un vuelco al Parlamento español, con la derrota electoral del partido de Azaña *(Acción Republicana)* y de los socialistas, siendo los grandes vencedores el Partido Radical, vinculado a una derecha conservadora, y el nuevo partido (la CEDA) dirigido por Gil Robles.

Y la derecha en el poder abandonó el espíritu laico del anterior bienio. Más grave fue que abortara la reforma agraria defendida por un gran ministro de la CEDA, Jiménez Fernández, que quiso basarse en la política social que había predicado el papa León XIII.

Y como la situación económica cada vez era más difícil, el panorama también era más sombrío para las clases humildes.

Creció el malestar y se fue incubando un espíritu revolucionario, donde se aliaron las dos fuerzas que, por un sentido o por otro, eran enemigas del nuevo gobierno: la izquierda radical (especialmente el movimiento obrero) y los separatistas catalanes.

Y de ese modo estalló la revolución de octubre de 1934, el Octubre Rojo. Con dos focos principales: el de Barcelona, donde Companys proclamó el Estado catalán; y en Asturias, donde los mineros, influidos por un espíritu revolucionario, se pusieron en armas y se adueñaron prácticamente del Principado y de su misma capital, Oviedo. Tuvo que intervenir el ejército. Con gran facilidad dominó el alzamiento de Barcelona, pero hubo que desplegar una verdadera acción militar para sofocar la insurrección asturiana, cosa que al fin se logró a mediados del mes de octubre.

La represión fue dura y llenó de resquemores a la sociedad española. Pero además saltó un escándalo morrocotudo. Se supo que en los casinos de juego se había introducido un sistema tramposo conocido con el nombre de estraperlo, que permitía ganancias seguras de forma ilegal. Y aquel sucio negocio salpicó al propio Presidente del Gobierno, a Lerroux.

El escándalo fue tan grande que obligó al Presidente de la República, Alcalá Zamora, a disolver el gobierno.

El *bienio negro* daba fin. Y España entera se dispuso al gran combate electoral para ver quién vencía entre aquellos dos bandos en que parecía dividida España, y ambos intransigentes: la izquierda revolucionaria y la derecha conservadora.

El triunfo del Frente Popular

Gil Robles estaba muy seguro de su victoria, confiado en los buenos resultados que la CEDA había conseguido en el año 1933. Pero era excesivamente optimista. No sabía que en aquella ocasión la CNT (Confederación Nacional de Trabajadores, de signo anarquista) no había ido a las elecciones, indignada por los sucesos sangrientos de Casas Viejas.

Ahora bien, la CNT contaba con más de un millón de afiliados. Por lo tanto su voto no era cualquier cosa. Y ocurrió que la izquierda promovió la unión de las dos grandes ramas del movimiento obrero, la Unión General de Trabajadores, adscrita al Partido Socialista, y la Confederación Nacional de Trabajadores.

Fue el Frente Popular. Y tuvo tal fuerza que en las elecciones de febrero de 1936 obtuvieron una impresionante victoria.

De nuevo, las urnas daban un vuelco: la izquierda estaba otra vez en el poder. Y en el nuevo gobierno los socialistas tuvieron un peso fundamental, con sus dos políticos más destacados: Indalecio Prieto y Largo Caballero. Y conforme a la tendencia de este bascular de un signo político a otro, una de las primeras preocupaciones del nuevo gobierno fue deshacer lo promovido por la derecha conservadora, poniendo en marcha otra vez lo que había iniciado en el año 1931: el Estatuto de Cataluña, como reconocimiento a sus aliados separatistas catalanes, y sobre todo las reparaciones a favor de los antiguos revolucionarios del Octubre Rojo, empezando por la liberación de los presos que había encerrado el gobierno anterior; como haría en Oviedo una mujer valiente: Dolores Ibárruri, *La Pasionaria.*

Era todo un signo de la nueva época que España iba a vivir.

Pero el Frente Popular no supo mantener el más mínimo orden. Pronto se sucedieron las huelgas, los atentados, la quema de conventos y de iglesias, las muertes violentas. El caos se adueñó de España.

Fue cuando surgió otro grupo radical de signo contrario, los falangistas, que respondieron a la agresión con agresión. Tenían a su frente a un joven político de apellido ilustre: José Antonio Primo de Rivera.

Era el hijo de aquel general que había tenido España en sus manos en la última etapa del reinado de Alfonso XIII. Y José Antonio Primo de Rivera iba a encabezar un movimiento político inspirado en el fascismo que dirigía por aquellos tiempos Mussolini en Italia. Frente a las agresiones de la izquierda respondería con las propias de sus afiliados, siguiendo lo que él llamaba «la dialéctica de las pistolas».

España se convirtió en un campo de batalla, con el goteo casi diario de muertos de uno y otro signo.

Y entre ellos, a mediados de julio de 1936, una víctima verdaderamente importante: Calvo Sotelo.

No fue un asesinato más, porque se trató de una represión llevada a cabo por las mismas fuerzas gubernamentales. Y ocurrió que unos generales que estaban deseando alzarse contra el gobierno del Frente Popular (Sanjurjo, Mola, Queipo de Llano y Franco) encontraron la ocasión propicia.

Tenían una justificación: el gobierno había caído en tal descrédito y colocado a España en una situación tan caótica que había puesto en peligro al país y a sus ojos se había deslegitimado. De forma que, a su entender, alzarse contra él no era ninguna militarada sino un deber patriótico.

Y de ese modo, con una España enloquecida, terminó la Segunda República y se inició la más sangrienta guerra civil que jamás sufrió España.

Y es aquí cuando brota mi lamento: «¡Ay de mi España!».

La Guerra Civil

¿Con qué palabras os lo diré? En otras ocasiones me permitía alguna pequeña broma. Ahora eso es imposible, queridos amigos. Porque la Guerra Civil fue algo espantoso. Yo la viví y os puedo asegurar que ahora escribo estos renglones lleno de dolor, reviviendo lo que España entonces sufrió.

Una cosa parece clara: España enloqueció. Toda España, tanto la izquierda como la derecha. Y el resultado fue un cruel enfrentamiento en el que ya no se trataba solo de vencer al adversario sino incluso de suprimirlo, de aniquilarlo. En suma, acabar con él.

Y eso por un lado y por otro, de forma que, a poco de iniciada la Guerra Civil, se extendió el terror por todas partes: en el área republicana, el terror rojo; en la zona sublevada, el terror blanco.

Ya os podéis imaginar el resultado; un auténtico baño de sangre.

Y junto con ello, una guerra terrible, que duraría casi tres años. Una guerra en la que no faltaron los momentos verdaderamente heroicos, pero también los actos de ferocidad que volvían a recordar los realizados en el siglo anterior, tanto en la guerra de la Independencia como en las guerras carlistas.

Heroica fue, por ejemplo, la defensa de Madrid por las milicias populares en noviembre de 1936. Como también lo fue la lucha en el Alcázar de Toledo o la que protagonizaron tanto nacionalistas como republicanos en torno a Oviedo.

Una nota importante: la guerra de España fue un acontecimiento que provocó el interés de medio mundo.

Y de tal forma que ambos bandos recibieron ayuda, e importante, tanto en material de guerra como en hombres. Eran los tiempos en los que gobernaban en Italia Mussolini y en Alemania Hitler; mientras que en Francia había triunfado el Frente Popular, sin olvidar que la Rusia comunista estaba presidida por Stalin. Italia envió

sobre todo voluntarios que lucharon bajo las órdenes de Franco, mientras que Alemania mandó preferentemente material bélico. A su vez, la República recibió un apoyo espectacular por parte del mundo libre, concretado en las llamadas Brigadas Internacionales, y también el de Rusia.

De ese modo, el interés por la guerra de España reflejó claramente la división que había entre las grandes potencias, con lo cual era de temer una crisis mayor y que todo desembocara en una II Guerra Mundial.

Fue algo que trató de evitar Inglaterra, llegando a un acuerdo llamado de *No intervención*, que no fue respetado ni por Alemania ni por Italia ni por Rusia.

A fines de 1936, tras el fracaso nacionalista de la marcha sobre Madrid, España quedó dividida en dos grandes zonas: la República dominaba la zona del centro, con la capital (Madrid) como referencia, y una amplia fachada mediterránea desde Cataluña hasta Málaga; y en el norte, Asturias, Santander y buena parte del País Vasco, con Bilbao incluido.

Por su lado, la España sublevada por los generales, y que a partir de octubre de 1936 había designado a Franco como Generalísimo, había logrado pasar las tropas que guarnecían el norte de Marruecos, que constituían una temible fuerza de choque en torno a cuarenta mil soldados. Y tras la toma de Badajoz, a mediados de agosto de 1936, habían logrado la unión de las dos zonas sublevadas en el norte y en el sur, controlando así desde Navarra y Aragón hasta la Andalucía occidental, pasando por Galicia, Castilla-León y Extremadura.

Las fuerzas parecían niveladas.

Eran dos Españas encontradas que luchaban con un ardor increíble, porque ambas creían defender unos principios sagrados: el pueblo republicano, la libertad y su revolución social, tal como le había enseñado la revolución rusa; esto es, la lucha de los desheredados de este mundo contra sus opresores. Algo que parecía tan hermoso que se comprende la admiración de tantos intelectuales extranjeros y el entusiasmo con que muchos de ellos acudieron a defender la causa de la República combatiendo en las Brigadas Internacionales.

Pero, a su vez, los sublevados también tenían sus principios, que consideraban sagrados. Luchaban por restablecer el orden, tan vulnerado por los gobiernos del Frente Popular, desde su victoria de febrero de 1936. Pero también luchaban por otros dos principios que venían a formar parte de la esencia de la Historia de España: la religión y la unidad nacional. La persecución religiosa llevada a cabo por la República, antes y después del alzamiento, hizo que la Iglesia española se aliase mayoritariamente con el bando rebelde; tanto fue así que se habló de que aquella guerra era una Cruzada. Y también el hecho de que tanto los separatistas catalanes como los vascos se mostrasen tan activos y tan amenazadores, presentó a los rebeldes como los que luchaban por la unidad de España; en definitiva, por la patria.

De ahí que la guerra estuviera tan salpicada de combates heroicos y de ahí también que fuera tan dura y tan cruel. Los dos bandos creían, cada uno a su modo, que el enemigo era odioso e infame. Por lo tanto, no solo había que vencerlo, sino que había que destruirlo.

No os voy a dar, por menudo, los lances de aquella larga guerra, tan dolorosa. Solo os diré, a grandes rasgos, algunos de sus principales acontecimientos.

El año de 1936 se saldó con la liberación del Alcázar de Toledo y de Oviedo por los nacionales, mientras que la República podía estar orgullosa de la heroica defensa de Madrid.

El año 1937 mostró un gran equilibrio entre los dos contendientes, lo que explica que la guerra se prolongase tanto. Pero aquel verano trajo una pérdida notable para la República: la caída en manos de las fuerzas nacionales de todo aquel norte que hasta entonces se mostraba republicano, desde Bilbao hasta Gijón.

El año 1938 se caracterizó, bajo el punto de vista militar, por el forcejeo en torno a Teruel, al principio perdido por los nacionalistas pero al fin recuperado. A poco, Franco lanzó una ofensiva hacia levante, consiguiendo alcanzar la costa mediterránea en Vinaroz, dividiendo así a la zona republicana. Decisiva fue la tremenda batalla del Ebro, desencadenada aquel verano por el ejército republicano, que tuvo una segunda fase protagonizada por el ejército rebelde, que a partir de las Navidades de aquel año desencadenaría una formidable ofensiva sobre Cataluña.

Muchos pensaban, entonces, que Barcelona se convertiría en el nuevo baluarte de la República, como lo había sido Madrid dos años antes; por el contrario, Barcelona se rindió, sin presentar resistencia, en el mes de enero de 1939.

Dos meses después, Madrid mismo se rendiría también a las fuerzas mandadas por Franco.

La guerra había terminado.

Pero como ocurre en las guerras civiles, no por ello había llegado la paz. Porque los vencedores se mostrarían implacables con los vencidos.

Una larga, dura y penosa represión ensombreció a la España de la posguerra, la España de los años cuarenta.

Y ese sería el fruto de aquella intolerancia y de aquel desprecio por las urnas electorales de que habían dado muestra unos y otros. El que no triunfaba en las elecciones se creía con derecho a recurrir a la violencia para recuperar el poder perdido.

Esa falta de verdadero sentido democrático fue lo que aniquiló a la República. Pero ante todo, lo que quiero que os quede muy claro, de esa amarga experiencia histórica, amigos míos, es que España jamás debe volver a enloquecer de ese modo.

Y para ello tenéis un camino: la tolerancia, el respeto al que no piense como vosotros, el amor a la libertad, pero también con un mínimo sentido del orden.

Porque una cosa parece clara y certificada una y mil veces por la Historia: que el despotismo y la tiránica opresión provocan la rebelión popular; y a su vez, que el caos y el desorden invitan al golpe de Estado.

Esto es, que solo la libertad y el orden, prudentemente compartidos con un sentido de tolerancia, son la verdadera base de una convivencia pacífica.

La época de Franco

El 1 de abril de 1939 Franco daba su último parte bélico: el Ejército «rojo» se había rendido y la guerra había terminado.

¿Era la paz? Para una buena parte de España, sin duda. Pero no para toda la nación. A partir de ese momento se intensificó la represión contra los adversarios del nuevo Régimen.

En otras palabras, las cárceles se llenaron. Y empezaron los juicios, a cargo de tribunales militares, que se mostraron implacables. Muchos de los acusados fueron condenados a muerte y no pocos de ellos fusilados.

Aquel clima de terror duró hasta 1945, año en el que cesaron los juicios sumarísimos de los Tribunales de Guerra. Por lo tanto durante los años en los que se desarrolló la II Guerra Mundial.

Fueron también años de un hambre verdaderamente atroz.

Y aquello era un tormento. Y sin embargo las cosas todavía pudieron ir peor. Porque, en efecto, España estuvo a punto de verse metida en la II Guerra Mundial. Hitler, el poderoso amo de la Alemania nazi, lo intentó por todos los medios. Incluso, después de la derrota de Francia,

tuvo una entrevista con Franco en la frontera con España, en la estación de Hendaya en el mes de octubre de 1940.

¿Os lo podéis creer? Franco hizo esperar a Hitler más de una hora antes de llegar a su cita con el dictador alemán. Hitler se paseaba furioso por el andén de la estación. Y cuando al fin se presentó Franco, toda su elocuencia fue inútil. Y no es que Franco se negara abiertamente a entrar en la guerra, es que empleó tantas evasivas y pidió tantas cosas que Hitler acabó perdiendo la paciencia y la entrevista se dio por terminada.

De modo que al menos eso consiguió España en los años cuarenta: librarse de la espantosa II Guerra Mundial.

Pero el final de la tremenda contienda trajo la hostilidad de las potencias vencedoras. ¿No era la España de Franco la última de las naciones fascistas, amiga de Alemania y de Italia? Francia primero y Norteamérica después mostraron su hostilidad. Finalmente, en aquel cerco a la España de Franco, la ONU aprobó el 12 de diciembre de 1946 la retirada de los embajadores acreditados en Madrid.

Era un aislamiento internacional que parecía insalvable, mientras seguía la amenaza del hambre por el cerco económico.

Sorprendentemente, tan graves sucesos no provocaron el alzamiento del pueblo español contra Franco. Su mayor problema interno fue la lucha contra los *maquis*, antiguos soldados republicanos refugiados en Francia que penetraron en España a partir de 1945, esperando levantar al pueblo contra la dictadura. Lograron infiltrarse hasta la serranía de Cuenca, mientras que otras partidas luchaban en la cordillera Cantábrica, actuando tanto en los valles del alto León como en los de Asturias. Pero poco a poco fueron desapareciendo.

En los años cincuenta el cambio internacional acabó beneficiando al régimen franquista: la ruptura entre la

Rusia comunista gobernada por Stalin y el resto de las potencias occidentales. Fue el comienzo de la guerra fría.

Eso explica que, poco a poco, la diplomacia franquista consiguiera una normalización de las relaciones diplomáticas. En 1953 se cerraba un acuerdo con Norteamérica. Dos años después España ingresaba en la ONU.

Por esos años se inició algo que cambió la economía española: el auge del turismo. De pronto, Europa descubrió las playas y el sol de España y empezaron a llegar puntualmente todos los veranos miles y miles de turistas.

Era por esas fechas cuando, a su vez, miles y miles de españoles emigraban a las grandes naciones europeas (Francia, Suiza, Alemania) en busca de empleo y de mejores salarios, escapando de la miseria en que vivían en España. Y el resultado fue que poco a poco se reanimó la economía española. Se fue creando una clase media, más numerosa, que dio otro aire a la sociedad. Además el régimen franquista tomó una medida social verdaderamente importante: la creación en 1942 del Seguro de Enfermedad.

Curiosamente, el relativo bienestar de que empezó a gozar la sociedad española le abrió los ojos: de lo que carecía, a todas luces, era de la libertad. En definitiva, el régimen de Franco era una dictadura.

De modo que se fue labrando un espíritu de protesta y de rebelión, sobre todo en dos sectores: en el mundo obrero, surgiendo así en la clandestinidad las Comisiones Obreras, con el protagonismo de un notable sindicalista, Marcelino Camacho; mientras, en la Universidad, aparecía un movimiento juvenil cada vez más fuerte y cada vez más deseoso de conseguir la libertad.

Más grave fue la irrupción en la política de la acción violenta de ETA, que anunció su guerra para conseguir la independencia del País Vasco, iniciando una serie de atentados que culminaron en 1973 con la

muerte en Madrid del almirante Carrero Blanco, que era la mano derecha de Franco. Dos años después (en noviembre de 1975) Franco moría en su residencia de El Pardo; curiosamente dejando la puerta abierta para su sucesión de una forma que pocos esperaban: la de un nuevo Rey, al que ya había proclamado sucesor: el príncipe Juan Carlos.

Ahora bien, y eso fue lo sorprendente y maravilloso, ese nuevo Rey no sería ya la sombra y la continuación del régimen franquista sino que abriría España para una vida democrática plena que le permitiría incorporarse a la Europa civilizada.

En definitiva, ese nuevo rey, Juan Carlos, quiso ser desde un principio, y lo sería, el Rey de todos los españoles.

Y esa sí que sería una buena noticia para toda España.

Queridos amigos: España tomaba un rumbo nuevo y fascinante: el de la libertad vivida en un Estado de derecho.

La Edad de Plata

El siglo XX está lleno de desventuras. Pero algo bueno trajo para los españoles. Y fue que un grupo de creadores, en las Artes y en las Letras, realizaron una obra tan preciosa y de tanta altura que bien podíamos llamarla *El segundo Siglo de Oro,* recordando al siglo XVII, pero que para distinguirla viene a ser conocida como la *Edad de Plata.*

Y cosa notable, fijaos en esto: no solo artistas o escritores rivalizan con lo mejor de su obra. Por primera vez, España se muestra al nivel del resto de Europa en otros terrenos: en Medicina, con Santiago Ramón y Cajal, que será reconocido con el Premio Nobel; en Bioquímica, con Severo Ochoa, otro Premio Nobel por sus estudios en esa materia; en Música, donde destacan figuras tan magistrales como Falla, Albéniz y Granados; en Filosofía en fin, donde todavía nos deleitamos con las páginas tan líricas de Ortega, los atormentados estudios de Unamuno y la profundidad del más grande de todos: Xavier Zubiri; sin olvidar a Julián Marías, acaso el más destacado de los alumnos de Ortega.

¿Y en las Artes? Aquí sí que pisamos fuerte. Nada menos que con el malagueño Pablo Picasso, el más grande sin duda de los pintores del siglo, el autor del impresionante cuadro *Guernica,* que recuerda los horrores de la Guerra Civil española. Y después una galería de otros grandes pintores y escultores: Juan Gris, Dalí, Tapies, Torner, entre los primeros. Y entre los escultores: Chillida, Pablo Serrano, Mateo Hernández y Amador. Y en arquitectura el genial catalán Gaudí, creador de obras tan fantásticas y mágicas como la catedral de la Sagrada Familia o el Parque Güell, las dos en Barcelona.

En poesía tenemos bien donde escoger, empezando por los grandes maestros con que arranca el siglo: Anto-

nio Machado, el andaluz que canta a los campos de Castilla; Juan Ramón Jiménez, cuyos versos están tan
cargados de música, autor de un pequeño pero magistral
poema en prosa para niños que tituló *Platero y yo*. Y tratándose de poemas en prosa, recordad el que escribió
Azorín evocando al obra de Cervantes: *La ruta de Don
Quijote*.

Sin olvidar que a este grupo primero pertenece por
derecho propio también Miguel de Unamuno, aunque solo
fuera por aquellos versos suyos:

> *Castilla, Castilla, Castilla,*
> *madriguera de recios hombres.*
> *Tus castillos muerden el polvo,*
> *Madrigal de las Altas Torres...*

Y luego vendrán acaso los más famosos de todos, los
conocidos por el nombre de los poetas de la Generación
del 27: Lorca, Alberti, Dámaso Alonso... y agarrado a ellos,
como un hermano menor, la trágica figura de Miguel Hernández con su poema inolvidable que termina:

> *A las aladas almas de las rosas*
> *del almendro de nata te requiero,*
> *que tenemos que hablar de muchas cosas*
> *compañero del alma, compañero.*

Cierto: una generación dramática golpeada por la
guerra incivil que desangró a España diez años después:
Lorca fusilado, Miguel Hernández muriendo tísico en la
cárcel, Alberti teniendo que buscar refugio en el exilio.

Pero la voz de los poetas del pueblo español en ese
siglo XX ni siquiera pudo ser silenciada por la guerra ni por
la dictadura. Y así, a lo largo de aquellos años de mediados de siglo, mantuvieron su obra magistral Dámaso
Alonso y Vicente Aleixandre.

Y vinieron otros formidables poetas: Blas de Otero,
José Hierro, Claudio Rodríguez, Ángel González...

Todos ellos con una carga tremenda de dramatismo, haciéndose eco de las desgracias humanas.

Y sin embargo, también con su nota de fino humor, como Ángel González en su delicioso poemario *Almanaque*, donde podéis leer estos deliciosos versos en los que describe una tormenta del mes de mayo:

> *El Todopoderoso no se atreve*
> *a resolver tanta dureza en nieve,*
> *y con su mano artrítica de abuelo*
> *dibuja un arco iris en el cielo.*
> *Ha salido redonda*
> *la acuarela divina.*
> *¡Qué belleza! En la fronda*
> *el ruiseñor está que trina.*
> *No lo puede creer.*
> *Ahora que brilla el sol ha empezado a llover.*
> *Y con florida y lírica oratoria*
> *eleva al cielo esta jaculatoria:*
> *Vacilante Señor de las Alturas:*
> *¿Cuándo vas a dejar de hacer locuras?*

Otros grandes pensadores que estaban en el exilio volvieron a la España dominada por Franco; pero no para servir al dictador, sino para servir a España: Ramón Menéndez Pidal, acaso el más grande de los historiadores; Gregorio Marañón, el gran ensayista; o Pío Baroja, autor de novelas tan divertidas como *Zalacaín el aventurero*, donde podeis encontrar canciones del rico folclore vasco, tan lindas como la que comienza:

> *Marichu, ¿nora zuez*
> *eder galant ori?...*
> *(Marichún, ¿dónde vas*
> *tan bonita?)*

De ese modo, por ejemplo, la narrativa de esta Edad de Plata, que cuenta en sus principios con dos soberbios creadores (Ramón del Valle Inclán y Pío Baroja) va a con-

tinuar esa tradición con otros grandes novelistas que llenan el resto del siglo: Ramón J. Sender, Camilo José Cela
(otro Premio Nobel), Miguel Delibes, Gonzalo Torrente
Ballester.

Y está también el Teatro, pues ¿cómo olvidar al ya
clásico Jacinto Benavente con su obra *Los intereses crea-*
dos, o con su drama rural *La malquerida*? Jacinto Benavente, otro Premio Nobel, que llena con su obra el
primer tercio del siglo XX, mientras que, ya en los duros
años del régimen franquista, otro dramaturgo evoca las
penurias de la gente humilde en una gran pieza dramática: *Historia de una escalera*. Y ese dramaturgo se llama
Antonio Buero Vallejo.

Y para terminar, estos versos de uno de los mejores
poetas de nuestro tiempo: Antonio Colinas. Unos versos
que recoge en un poemario de título bien significativo:
Noche más allá de la noche.

Un poemario en el que podéis leer estos versos, con
los que termino:

> *¿La luz es de los dioses o la luz es un Dios?*
> *En la luz de la espuma, la sonrisa y la lágrima.*
> *En la luz del aroma, la sangre iluminada.*
> *En la luz de la tierra lo negro de lo negro...*

EPÍLOGO
¡VIVA LA LIBERTAD!

¡Viva la libertad!

El 20 de noviembre de 1975 moría Franco. Acababa un largo periodo de gobierno autoritario y se iniciaba el reinado del hasta entonces príncipe Juan Carlos.

Y Juan Carlos, ya jurado rey, pronto proclamó que él quería serlo de todos los españoles, rey de una España en que no hubiera ni vencedores ni vencidos. Por lo tanto, rey de una España que superase el pasado.

Todos los españoles eran llamados a reconstruir el nuevo Estado español que se logró en poco más de tres años.

1976: *Ley de la reforma política,* que fue aprobada por las últimas Cortes franquistas y después refrendada por sufragio universal; una ley que cambiaba todo el sistema político anterior y que parecía tan necesaria que las propias Cortes franquistas la dieron por buena aunque suponía su mismo final.

1977: *Elecciones por sufragio universal* para el nuevo Parlamento, en el que entraban todos los partidos políticos, hasta entonces vetados por el anterior sistema, incluyendo al partido comunista.

1978: al fin la *nueva Constitución,* con el pueblo como soberano, garantizando los derechos y las libertades de todos los españoles.

Era la devolución de España a los españoles. España entraba con pleno derecho, después de más de cuarenta años, en el círculo en plena modernidad democrática. Un cambio prodigioso logrado gracias a la firme voluntad de varios hombres excepcionales, de los cuales yo solo os voy a recordar dos, verdaderamente decisivos: en primer lugar, al rey, Juan Carlos, que fue el alma de aquel cambio, que lo deseaba con todas sus fuerzas, porque no de otra manera quería la Corona, que en principio se la había entregado Franco. Él deseaba otro apoyo: el de todo el pueblo español.

Y en segundo lugar tenéis que recordar a un joven político, curiosamente salido de la Falange, que fue el que supo transformar en realidad el sueño del Rey: Adolfo Suárez.

Y de ese modo, España alcanzó su libertad, aquella sagrada libertad secuestrada por el Régimen anterior. Tuvo, eso sí, que librar todavía no pocas batallas contra grupos radicales que contemplaban con profundo descontento todo lo que estaba ocurriendo; en particular, fue muy grave el atentado de Atocha, donde fueron asesinados varios abogados laboralistas por un grupo de ultras fanáticos. Y también el intento de involución de golpe

de Estado protagonizado por un grupo de militares el 23 de febrero de 1981, con la irrupción de fuerzas armadas en el Congreso de los Diputados y con la declaración de estado de guerra en Valencia por el capitán general de aquella región militar, Milán del Bosch.

¡Aquel capitán general sacó los tanques a la calle! ¡Qué tío! Yo los vi, pues por casualidad me cogió aquella jornada en la capital del Turia: y podéis creerme, queridos amigos, que el susto fue morrocotudo. ¡Parecía que volvíamos a los tiempos de la Guerra Civil! A mi mujer Marichún y a mí nos pillaba lejos de nuestras hijas, a quinientos kilómetros de distancia. ¡Qué horror! Nos temblaban las piernas, pero cogimos nuestro coche y no paramos hasta ver el Tormes.

Ahora bien, todo quedó en un susto. Eso sí, ¡menudo susto! Pero tuvimos la suerte de que el Rey, con su serenidad, salvara la situación y la libertad de todos los españoles.

Y en la sombra, alentando al Rey en esa lucha por las libertades, una gran mujer: la reina doña Sofía. Una reina con grandeza de espíritu y de refinada cultura. Gracias a ellos podemos terminar gozosos este libro con el gran grito, el grito jubiloso:

«¡¡Viva la libertad!!»

Bueno, la libertad sí, pero con cierto orden, ¿no os parece?

Y así termino.

Adiós, queridos amigos, gente menuda tan querida.

Adiós, o si lo preferís mejor, hasta pronto.